Herbig Materialien
zur Zeitgeschichte

Heinz Nawratil

Die deutschen Nachkriegsverluste

unter Vertriebenen, Gefangenen
und Verschleppten

Mit einer Übersicht über die
europäischen Nachkriegsverluste

Herbig Materialien
zur Zeitgeschichte
Herausgegeben von der
Zeitgeschichtlichen Forschungsstelle
Ingolstadt

Herbig Materialien
zur Zeitgeschichte
Nr. 33066

Originalausgabe

Umschlagentwurf:
Bine Cordes
Alle Rechte vorbehalten
© by Herbig Verlagsbuchhandlung,
München – Berlin
Printed in Germany 1987
Druck und Verarbeitung:
Ebner Ulm
ISBN 3 548 33066 5

Juli 1987
5.–7. Tsd.

Inhalt

Zum Geleit

> *»Du kannst nicht spielen mit dem Tier in dir, ohne ganz Tier zu werden, nicht mit der Lüge, ohne das Recht zur Wahrheit einzubüßen, nicht mit der Grausamkeit, ohne die Zartheit des Geistes zu verlieren. Wer seinen Garten rein halten will, darf keinen Fleck dem Unkraut überlassen.«*

Diese Sätze stammen von Dag Hammarskjöld, dem UN-Generalsekretär und Träger des Friedensnobelpreises 1961; sie waren für die vorliegende Arbeit Anstoß und Leitlinie zugleich. Wie Meinungsumfragen oder auch nur der Blick ins Fernsehprogramm zeigen, haben Kriegsereignisse und Kriegsopfer im Bewußtsein der Öffentlichkeit einen festen Platz; auch die Verbrechen dieser Epoche sind allgemein geläufig. Kaum bekannt und daher vom Unkraut der Spekulationen und Verharmlosungsversuche überwuchert ist dagegen jenes weite Feld der Kriegsendzeit, die im buchstäblichen Sinn für Millionen Menschen zur Endzeit wurde. Diesem vernachlässigten Teil im Garten der Mitmenschlichkeit und den Gräbern der Nachkriegsopfer wieder die angemessene Pflege zuteil werden zu lassen, erschien dem Verfasser als Vermächtnis des großen Humanisten Hammarskjöld.

Entsprechend der globalen Dimension des Zweiten Weltkriegs verstummten die Waffen an den verschiedenen Orten zu ganz verschiedenen Zeiten. Für Nordafrika endete der Krieg mit der Kapitulation des Deutschen Afrikakorps im Mai 1943. Paris feierte seine Befreiung im August 1944. Berlin kapitulierte im Mai 1945, Tokio im August 1945. Diese Divergenzen, aber auch die neuen Größenordnungen der Verfolgung Andersdenkender und Andersrassischer in Hitlers und Stalins Imperien zwangen die Historiker, bei der Abgrenzung von Kriegsopfern und anderen Opfern neue Wege zu gehen. In seiner Dokumentation über die deutschen Vertreibungsverluste definiert das Statitische Bundesamt daher diejenigen Menschenopfer als »Nachkriegsverluste«, die nach dem Ende der Kampfhandlungen in den betreffenden Gebieten eingetreten sind. Dieser anschauliche Begriff wird auch im Folgenden verwendet.

Unter den Nachkriegsopfern waren aber nicht nur Deutsche, sondern auch Angehörige zahlreicher anderer Nationen. Um die Position der deutschen Verluste im Koordinatensystem der internationalen Nachkriegsverluste zu markieren, sind auch diese Menschen und ihr wenig bekanntes Schicksal in Form einer ausführlichen Vorbemerkung in die Untersuchung mit einbezogen worden.

Der Umfang der behandelten Materie hat es nötig gemacht, die statistischen Fragen auf Kosten der historischen und allgemein menschlichen in den Vordergrund zu rücken. Natürlich wäre es für Verfasser und Leser bequemer gewesen, eine Handvoll Reportagen über dramatische Einzelschicksale zusammenzustellen und das Zahlenmaterial in die Fußnoten zu verbannen. Dabei aber wären gewisse geschichtliche Größenordnungen verlorengegangen, die sich nur statistisch umschreiben lassen. Goethe hat gesagt, was dazu zu sagen ist: Man hat behauptet, . . . die Welt werde durch Zahlen regiert; das aber weiß ich, daß die Zahlen uns belehren, ob sie gut oder schlecht regiert werden.

1. Vorbemerkung:
Die europäischen Nachkriegsverluste

Zeittafel

Die jugoslawischen Ereignisse

27. 9. 1940 Unterzeichnung des Dreimächtepakts durch Deutschland, Italien und Japan
25. 3. 1941 Beitritt Jugoslawiens zum Dreimächtepakt
27. 3. 1941 Staatsstreich in Belgrad
 6. 4. 1941 Beistandspakt der neuen jugoslawischen Regierung mit der Sowjetunion
 6. 4. 1941 Beginn des Einmarsches in Jugoslawien (Deutschland, Italien, Ungarn und Bulgarien)
10. 4. 1941 Proklamation des »unabhängigen Staats Kroatien«
17. 4. 1941 Kapitulation der jugoslawischen Armee. Nach Gebietsabtretungen an Italien, Deutschland, Ungarn und Bulgarien Bildung der weiteren Staaten Serbien und Montenegro unter deutschem bzw. italienischem Protektorat
15. 6. 1941 Beitritt Kroatiens zum Dreimächtepakt
22. 6. 1941 Angriff der deutschen Wehrmacht auf die Sowjetunion
 4. 7. 1941 Jugoslawische KP unter Tito beschließt den Partisanenkampf gegen die Besatzungsmächte. Etwa gleichzeitig Vorbereitung der Partisanenaktionen der konservativen Tschetniks (Cetnici) im Einvernehmen mit der königlich jugoslawischen Exilregierung in London
 2. 11. 1941 Erste Kämpfe der konservativen und kommunistischen Partisanen untereinander
 1. 12. 1943 Auf der Konferenz von Teheran beschließen die Großen Drei, nicht mehr die Tschetniks, sondern nur noch die Tito-Partisanen zu unterstützen
20. 10. 1944 Tito-Partisanen erobern Belgrad
11. 4. 1945 Freundschafts- und Beistandspakt zwischen der UdSSR und der Regierung Tito

Die französisch-italienischen Ereignisse

31. 3. 1939	Britisch-französische Garantieerklärung für die nationale Integrität Polens
7. 4. 1939	Italienischer Einmarsch in Albanien
1. 9. 1939	Deutscher Einmarsch in Polen
3. 9. 1939	Großbritannien und Frankreich erklären dem Deutschen Reich den Krieg
10. 5. 1940	Deutscher Einmarsch in Frankreich und den Benelux-Staaten
10. 6. 1940	Kriegseintritt Italiens
18. 6. 1940	General de Gaulle erklärt sich in London zum »Führer der freien Franzosen«
22. 6. 1940	Deutsch-französischer Waffenstillstand
24. 6. 1940	Italienisch-französischer Waffenstillstand
3. 7. 1940	Britischer Überfall auf die französische Flotte in Mers-el-Kebir, darauf Abbruch der diplomatischen Beziehungen Frankreichs zu Großbritannien
11. 7. 1940	Marschall Petain Chef des französischen Staates mit dem Sitz in Vichy
27. 9. 1940	Unterzeichnung des Dreimächtepakts durch Deutschland, Italien, Japan
28. 10. 1940	Italienischer Angriff auf Griechenland
22. 6. 1941	Deutscher Angriff auf die Sowjetunion
30. 6. 1941	Die französische Regierung in Vichy bricht die diplomatischen Beziehungen zur UdSSR ab
7. 12. 1941	Japanischer Angriff auf die US-Flotte in Pearl Harbour
11. 12. 1941	Kriegserklärung Deutschlands und Italiens an die USA
11. 11. 1941	Deutschland und Italien besetzen den noch nicht okkupierten Teil Frankreichs
10. 7. 1943	Alliierte Landung auf Sizilien
25. 7. 1943	Umsturz in Italien, Verhaftung Mussolinis
8. 9. 1943	Verkündung des Waffenstillstands zwischen der neuen italienischen Regierung und den Alliierten. Daraufhin Besetzung Nord- und Mittelitaliens durch die deutsche Wehrmacht
9. 9. 1943	Bildung einer faschistischen Gegenregierung
12. 9. 1943	Befreiung Mussolinis

15. 9. 1943	Übernahme der Gegenregierung durch Mussolini (Republik von Saló)
13. 10. 1943	Kriegserklärung der antifaschistischen Regierung Italiens an Deutschland
6. 6. 1944	Alliierte Invasion in Nordfrankreich
25. 8. 1944	Einzug de Gaulles in Paris
9. 9. 1944	Bildung einer provisorischen französischen Regierung unter de Gaulle
11. 9. 1944	US-Truppen erreichen die Reichsgrenze
28. 4. 1945	Erschießung Mussolinis durch italienische Partisanen

Die sowjetischen Ereignisse

23. 8. 1939	Deutsch-sowjetischer Nichtangriffspakt mit geheimem Zusatzprotokoll über die Aufteilung Polens
1. 9. 1939	Einmarsch der deutschen Wehrmacht in Polen
17. 9. 1939	Einmarsch der Roten Armee in Polen
28. 9. bis 10. 10. 1939	Beistandspakt der Sowjetunion mit Estland, Lettland und Litauen (jeweils mit Überlassung von Stützpunkten an die UdSSR)
11. 10. 1939	Beginn (ergebnisloser) sowjetisch-finnischer Verhandlungen über sowjetische Stützpunkte in Finnland
30. 11. 1939	Angriff der Roten Armee auf Finnland
12. 3. 1940	Sowjetisch-finnischer Friedensvertrag mit sowjetischen Annexionen in Ostfinnland
15. 6. 1940	Sowjetischer Einmarsch in Litauen
17. 6. 1940	Sowjetischer Einmarsch in Estland und Lettland
21. 7. 1940	Formelle Annexion der drei baltischen Staaten durch die UdSSR und Umwandlung in »Sozialistische Sowjetrepubliken«
28. 6. 1940	Beginn des sowjetischen Einmarsches in Nord- und Ostrumänien (Bukowina und Bessarabien) nach Annahme des sowjetischen Ultimatums vom 26. 6. 1940 durch die rumänische Regierung
27. 9. 1940	Unterzeichnung des Dreimächtepakts durch Deutschland, Italien und Japan
20. bis 24. 11. 1940	Ungarn, Rumänien und die Slowakei treten dem Dreimächtepakt bei
22. 6. 1941	Angriff der deutschen Wehrmacht auf die Sowjetunion

26. 6. 1941	Finnland erklärt der Sowjetunion den Krieg
7. 12. 1941	Japanischer Angriff auf die US-Flotte in Pearl Harbour
11. 12. 1941	Deutsch-italienische Kriegserklärung an die USA
13. 4. 1943	Entdeckung von über 4000 Leichen polnischer Offiziere in Massengräbern bei Katyn, die im Frühjahr 1940 dort von den Sowjets ermordet wurden
26. 4. 1943	Abbruch der diplomatischen Beziehungen der polnischen Exilregierung in London zur Sowjetunion
Dezember 1943	Liquidation des Kalmückenvolkes durch Verschleppung in den asiatischen Teil der UdSSR
Juni 1944	Verschleppung der Krimtataren
21. 7. 1944	Bildung des sowjetisch orientierten »Polnischen Komitees der Nationalen Befreiung« in Cholm, ab 25. 7. in Lublin (»Lubliner Komitee«)
1. 1. 1945	Das Lubliner Komitee erklärt sich zur provisorischen Regierung Polens (sowjetische Anerkennung am 3. 1.)

Jugoslawien

In Europa kann vermutlich Jugoslawien auf die blutigste Vergangenheit zurückblicken. Aber erst das Jahr 1945 sollte dem leidgeprüften Land den blutigsten Frühling seiner Geschichte bringen. Gemessen an der bescheidenen Bevölkerungszahl des Staates waren die Massaker der siegreichen Tito-Partisanen unter Antikommunisten und »unzuverlässigen« Völkern ungeheuer. Jahrhundertealte nationale, religiöse und soziale Gegensätze hatten schon vor 1945 dazu geführt, daß neben dem einen großen Krieg mehrere kleine der verfeindeten Gruppen untereinander stattfanden und daß alte Rechnungen mit archaischer Grausamkeit beglichen wurden. Und doch stand den Menschen die letzte Steigerung des Schreckens noch bevor.

In dem mehrheitlich albanisch besiedelten Gebiet von Kosovo (Amselfeld) wurden in den ersten Monaten des Jahres 1945 rund 40 000 Skipetaren (Albaner) ermordet[1]. Weitere Tausende albanische Männer, Frauen und Kinder fielen dem Wüten jugoslawischer Spezialeinheiten des Chefs des Staatssicherheitsdienstes Aleksander Rankovic zum Opfer, als 1948 die geplante Fusion Jugoslawiens mit Albanien scheiterte.

An Montenegrinern wurden allein bei dem Massaker von Zidany Most etwa 6000 erschossen, unter ihnen Dr. Joanikije Lipovac, der

Metropolit von Montenegro, und 70 seiner Priester[2]. Im Norden des Landes hat man 12000 Italiener ermordet und in Karsthöhlen geworfen[3]. Mehr als zehnmal so viele Opfer hatte die deutsche Minderheit zu beklagen; von ihr wird im nächsten Kapitel die Rede sein.

Tragödien dieser Art spielten sich im Frühjahr 1945 in fast allen Teilen Jugoslawiens ab. Die weitaus größte aber war die von Bleiburg, einem Kärntner Grenzort, bei dem damals die Demarkationslinie zwischen der britischen Armee und den Tito-Truppen verlief. Der britische General T. P. Scott, Kommandant der 38. Infanterie-Brigade, sah sich am 14. Mai 1945 plötzlich dem 200000-Mann-Heer des bis dahin selbständigen Staates Kroatien gegenüber, das obendrein an die 500000 kroatische Zivilisten eskortierte (nach anderen Quellen waren es nur 200000 Zivilisten). Sie alle wollten sich ergeben und unter britischen Schutz stellen[4]. Die Ankömmlinge erklärten, es finde eine Auswanderung der gesamten kroatischen Nation statt. Der britische Kommandant verweigerte den Grenzübertritt und vereinbarte mit den nachdrängenden Tito-Partisanen einen »fairen Kompromiß«: Die Kroaten hatten sich den Kommunisten gegen Zusicherung korrekter Behandlung zu ergeben. Scott erklärte später: »Ich bekam zugesichert, daß alle in ihre Heimat zurückgeschickt würden und daß für sie gesorgt werde, aber ob das wirklich geschehen ist, weiß ich nicht. Ich habe keine Ahnung, ob sie ohne Ausnahme niedergemacht wurden. Wundern würde mich das nicht.«[5] Das Ende der Episode läßt sich nur in Zahlen ausdrücken: 100000 bis 200000 tote Kroaten durch Massenerschießungen, Todesmärsche, Folter sowie einige rechtsstaatlich zweifelhafte Kriegsverbrecher-Prozesse[6].

Selbst wenn man in Rechnung stellt, daß das kroatische Regime in weniger als vier Jahren eine sechsstellige Zahl von Serben[6a] ermorden ließ, so muß doch festgehalten werden, daß nur eine kleine Minderheit der Kroaten in diese Verbrechen verwickelt war.

Außer dem Heer der faschistisch orientierten Regierung von Kroatien wurden auch die Angehörigen anderer jugoslawischer Truppenteile verfolgt, die gegen Tito gekämpft hatten, so die christlich-konservative slowenische Heimwehr (Slovensko Domobranstvo), die großserbisch-monarchistischen Tschetniks (Cetnici), das Montenegrinische Freiwilligenkorps und andere kleinere Einheiten[7].

Ein besonders düsteres Kapitel bildete später die durch Täuschung erreichte Überstellung von 20000 bis 40000 jugoslawischen Antikommunisten (meist jugendliche Soldaten, aber auch Frauen und

Die Aufteilung Jugoslawiens 1941

Jugoslawien heute

Kinder) aus britischem Gewahrsam im Raum Klagenfurt an ihre Henker jenseits der Grenze[8]; so gut wie alle wurden umgebracht.

Nach vorsichtigen Schätzungen sind in Jugoslawien nach dem Krieg 300 000 Menschen als »Verräter« bzw. »Kollaborateure« getötet worden[9]. Nach anderen Quellen sollen gar 1 000 000 Jugoslawen nach dem Krieg eines unnatürlichen Todes gestorben sein[10]. Mag die erste Zahl der Wahrheit auch näher kommen als die zweite, allein Titos slowenische Massaker an seinen eigenen Landsleuten sprechen eine erschreckende Sprache: 30 000 Ermordete in Gottschee (Kocevje), 25 000 in St. Veit (Sent-Vid), 40 000 in Marburg (Maribor)[11]. Zum Vergleich die Opferzahlen der bekanntesten Massaker des Zweiten Weltkrieges: Lidice 186 tschechische Männer, Katyn 4143 polnische Offiziere, Babi Jar 33 771 ukrainische Juden. In seinem Memoirenwerk »Der Krieg der Partisanen« beschreibt Titos früherer Mitstreiter Milovan Djilas die gespenstische Nachgeburt des blutigsten jugoslawischen Frühlings: »Im slowenischen Zentralkomitee beklagte man sich ein, zwei Jahre später, man habe mit den Bauern aus dieser Gegend Unannehmlichkeiten gehabt. Die unterirdischen Karstflüsse hätten Leichen an die Erdoberfläche geschwemmt. Erzählt wurde auch folgendes: In seichten Massengräbern verwesend seien die Leichenhaufen derart aufgequollen, daß es aussah, als ob die Erde atmen würde.«

Frankreich und Italien

Auch in Westeuropa kehrten nach dem Rückzug der Besatzungstruppen nicht überall Gerechtigkeit und Frieden ein. Ein amerikanischer Augenzeuge, der Offizier Donald Robinson, hat z. B. aus Frankreich berichtet:

»Im Laufe des Sommers 1944 überschwemmte die Revolution, deren stärkste Triebfeder die Kommunisten waren, den ganzen Süden. Die Ursache ihres teilweisen Scheiterns ist sicher auf die Anwesenheit amerikanischer Truppen zurückzuführen. Von Toulouse bis Nizza herrschte der Terror. Überall waren die Straßen von Zivilisten mit harten Gesichtern bevölkert, auf das unterschiedlichste bewaffnet – mit Dolchen und Gewehren bis zu Handgranaten und amerikanischen Waffen. Sie rollten in Wagen ohne Türen über die Boulevards, um im Ernstfall schneller und leichter schießen zu können. Jedes Viertel, jede Straße wurde gesäubert, durchsucht, nicht nur nach Angehörigen der Miliz, sondern auch nach Leuten, die sich ihre politische Feindschaft zugezogen hatten. Sogar Amerikaner befanden sich unter den Opfern. Soldaten wurden getötet, verwundet, und auf mich selbst schoß man bestimmt ein dutzendmal.«[12]

Die Gewaltakte waren aber keineswegs ein Privileg kommunistischer Gruppen. Bereits in dem Rundschreiben der »Vereinigten Untergrundbewegungen« in Algier vom 15. 10. 1943 waren sehr eindeutige Verhaltensregeln für den Tag X enthalten: »Selbst wenn die Bedingungen der Machtübernahme durch das Nationale Französische Befreiungskomitee den sofortigen, gewaltlosen Zusammenbruch der Vichy-Regierung bewirkten, wäre es doch töricht und beleidigend für das französische Volk, auf einen bewaffneten Massenaufstand und damit auf seinen Anspruch auf gerechte Vergeltung zu verzichten«.[13]

Von Säuberungsmaßnahmen verschiedenster Art betroffen wurden schätzungsweise 1,5 bis 2 Millionen Franzosen; die Zahl der Verhafteten wird bei einer Million zu suchen sein[14]. Paul Serant bezeichnet diese Vorgänge als die größte Säuberung der französischen Geschichte[15].

Nicht von den zahlreichen Folterungen und Grausamkeiten[16], sondern nur noch von den Getöteten soll abschließend hier die Rede sein. Ihre Zahl dürfte mindestens bei 40000[17], wahrscheinlich aber um die 100000 liegen[18]. Die meisten verfahrenslosen Hinrichtungen ereigneten sich in Südfrankreich, wo die Untergrundbewegung am stärksten gewesen war[19]. Daneben gab es auch eine Reihe von formellen Gerichtsverfahren mit Todesurteilen[20]; allerdings wurden nur 767 dieser Urteile vollstreckt[21].

Noch verlustreicher und nicht weniger grausam klang der Krieg in Italien aus. Der Schwerpunkt der summarischen Hinrichtungen und der Lynchjustiz lag in Oberitalien[22]. Obwohl der Literatur sehr unterschiedliche Schätzungen zu entnehmen sind[23], dürfte die Zahl der italienischen Nachkriegsopfer jedenfalls in der Größenordnung zwischen 100000 und 200000 zu suchen sein[24]. Neben Patrioten und Kommunisten agierten in Italien auch kriminelle und anarchistische Elemente (»Partisanen der letzten Stunde«). Daß die Ausschreitungen nicht immer antifaschistischen Leidenschaften entsprangen, zeigen u. a. die zahlreichen Fälle von Plünderung, Raubmord oder Priestermord (getötet wurde z. B. der Bischof von Agrigent, Msgr. Peruzzo)[25].

Weit weniger blutig, wenn auch nicht immer rechtsstaatlich, verliefen die Säuberungen in den anderen westlichen Ländern[26]. Einige tausend summarische Hinrichtungen bzw. Morde gab es allerdings in Griechenland[27], wo sich der Konflikt zwischen Kommunisten und Royalisten und der kommende Bürgerkrieg schon abzeichneten.

Sowjetischer Machtbereich

Die in London erscheinende exilpolnische Tageszeitung »Dziennik Polski« konstatierte 1985, die »sogenannte Befreiung« Polens im letzten Kriegsjahr habe das Land mehr Opfer gekostet als der September-Feldzug 1939[28]. Diese Stelle läßt ahnen, daß Stalins Sieg für viele Völker Osteuropas keineswegs ein besseres Leben bedeutete. Die baltischen Nationen z. B. »befreite« Stalin von ihrer Intelligenz- und Führungsschicht, indem er Hunderttausende in den asiatischen Teil der Sowjetunion deportierte, und cine Reihe kleinerer Völker liquidierte er vollständig; Krimtataren, Kalmücken und Tschetschenen sind die bekanntesten von ihnen. Allein im sowjetischen Machtbereich starben bei solchen Gelegenheiten Millionen von Menschen nach Ende der Kampfhandlungen in den betreffenden Gebieten.

Chronologisch gesehen bietet sich das folgende Bild, wobei beachtet werden muß, daß die Zeit zwischen 1939 und 1945 aus Moskauer Sicht durch eine Anzahl selbständiger voneinander unabhängiger Kriege und Militäraktionen bestimmt ist, denen jeweils eine spezifische Nachkriegsphase folgte. Die besonderen Verhältnisse der Sowjetunion lassen es nicht zu, die Kriegsereignisse und -opfer in der Darstellung ganz auszuklammern. Zum besseren Verständnis der Zusammenhänge mußte daher an einigen Stellen weiter ausgeholt werden.

Nachdem Wehrmacht und Rote Armee im September 1939 Polen angegriffen und überrannt hatten, annektierte die Sowjetunion die Gebiete Polens mit ukrainischer bzw. weißrussischer Bevölkerungsmehrheit. Die anschließende Säuberung vollzog sich nach stalinistischem Muster: Massenerschießung von Mißliebigen und Massendeportation von potentiellen Regimegegnern in den Archipel Gulag. Verschleppt wurden so gut wie alle Flüchtlinge aus West- und Mittelpolen, Vertreter des öffentlichen Dienstes, alle Gebildeten und Wohlhabenden. Von den 1,65 bis 2,5 Millionen Deportierten waren 52 Prozent Polen, 30 Prozent Juden und 12 Prozent Ukrainer und Weißrussen. Weit über die Hälfte dieser Unglücklichen dürfte umgekommen sein[29]. – Im Frühjahr 1940 ließ Stalin das gefangene polnische Offizierskorps durch Genickschuß beseitigen. Über 4000 Leichen fand man später im Wald von Katyn bei Smolensk – nur einen Bruchteil der tatsächlichen Opferzahl. Von den 230000 polnischen Kriegsgefangenen in der UdSSR dürften insgesamt nur 82000 überlebt haben[29a].

Am 30. 11. 1939 marschierte die Rote Armee ins neutrale Finnland ein, kam aber nur langsam voran. Am 12. 3. 1940 endete der Feldzug mit dem Frieden von Moskau und der Abtretung Finnisch-Kareliens an die Sowjetunion. Abgesehen von den gewaltigen russischen Militärverlusten von über 200000 Mann (Chruschtschow sprach sogar von einer Million) sind an dem »Winterkrieg« zwei Dinge bemerkenswert, nämlich einmal die Verschleppung der starken finnischen Minderheit aus den Räumen Leningrad und Sowjetisch-Karelien in die Lager nördlich vom Polarkreis[30] und zum anderen die Behandlung der aus der Kriegsgefangenschaft zurückkehrenden Rotarmisten. Über sie schreibt Nikolai Tolstoy: »Sie hatten einen Blick auf das wirkliche Leben im nichtkommunistischen Westen geworfen. Die Gefahr, daß dieser Virus die ganze Sowjetbevölkerung infizieren könnte, war offenkundig, und die Gefangenen, die nach dem Krieg heimkehrten, wurden sofort in Arbeitslager gebracht und zumeist nie wiedergesehen.«[31] Die ethnisch-rassische Verfolgung »unzulässiger« Sowjetvölker und die politische Verfolgung der eigenen Heimkehrer sollten sich später bei den Wolgadeutschen und den befreiten sog. Fremdarbeitern aus Deutschland in einem weit größeren Umfang wiederholen.

Während aus den annektierten finnischen Gebieten die Bevölkerung vollständig vertrieben wurde (über 420000 oder 11 Prozent der finnischen Gesamtbevölkerung), beschränkten sich die Sowjets nach dem Einmarsch im östlichen und nördlichen Rumänien (Bessarabien und Nordbukowina) im Frühsommer 1940 auf die Verschleppung von 200000 bis 300000 Menschen aus der mehrheitlich rumänischen Bevölkerung in östliche Lager[32] unter den bekannten mörderischen Bedingungen.

Fast gleichzeitig mit dem Überfall auf Rumänien erfüllte sich das Schicksal der Esten, Letten und Litauer. Ihre Staaten überflutete ein Riesenaufgebot von Rotarmisten; in Litauen z. B. kam auf acht Einwohner ein Sowjetsoldat. Die Führungsschicht dieser Länder wurde systematisch ausgerottet. In Lettland z. B. verschwanden 24250 Menschen (2 Prozent der Gesamtbevölkerung) spurlos; viele wurden nicht einfach ermordet, sondern auf geradezu satanische Weise zu Tode gequält[33] – offenbar zu Abschreckungszwecken. Zugleich setzten Deportationen ein, die erst gegen Ende der 40er Jahre endgültig aufhörten. Die Gesamtzahl der verschleppten Balten dürfte bei 590 000 liegen; einzelne Schätzungen nennen Zahlen bis zu einer Million[34]. Der größte Teil der Deportierten starb in Konzentrationslagern.

Nach dem Einfall Hitlers in Rußland (22. 6. 1941) setzten neue sowjetische Massaker im ehemaligen Ostpolen, in der Ukraine und im Baltikum ein. Die Leichen, die deutsche Truppen in den Folterkellern und Gefängnissen von Lemberg, Riga, Winniza und an vielen anderen Orten fanden, waren z. T. in einem unbeschreiblichen Zustand[35]. Insassen der Konzentrationslager, die man angesichts des schnellen Vormarsches der Wehrmacht nicht mehr rechtzeitig räumen konnte, wurden oft zu Tausenden mit Maschinengewehren niedergemäht[36]. Aber auch in den östlichen Lagern gab es oft eine »vorsorgliche« Massenexekution, nur um ein Exempel zu statuieren[37]. Während im Westen der sowjetische Diktator ums Überleben kämpfte, fand er nichts dabei, im Osten eine Million Mann[38] nur mit der Bewachung der zahlreichen KZs und Gefängnisse zu beschäftigen. Dieses Aufgebot erscheint ungewöhnlich groß, selbst wenn man bedenkt, daß der Archipel Gulag schon 1938 eine Bevölkerung von 16 Millionen hatte[39].

Spezielle Militärtribunale durchkämmten nach Kriegsausbruch jede Stadt und erschossen oder deportierten alles, was ihnen irgendwie verdächtig schien[40]. Daß Stalin die Front gegen den inneren Feind vielleicht noch wichtiger erschien als die gegen den äußeren, zeigt auch die Tatsache, daß der Bevölkerung die Radiogeräte einschließlich der Ersatzteile weggenommen wurden (schon eine nicht abgelieferte Radiolampe bedeutete 10 Jahre Lager[41]). Erwähnenswert, wenn auch nicht unmittelbar zum Thema gehörend, ist in diesem Zusammenhang das »Verheizen« kaum oder nicht bewaffneter Strafbataillone beim Durchmarsch durch Minenfelder oder beim Binden gegnerischen Feuers oder die Vernichtung ganzer (eigener) Armee-Einheiten, die sich als unzuverlässig oder verdächtig erwiesen hatten[42].

Nachdem die Rote Armee militärisch wieder Tritt gefaßt hatte, wiederholte sich im Westen der Sowjetunion, was schon aus den Jahren zwischen 1939 und 1941 bekannt war: Massendeportationen und -exekutionen von Balten, Polen, Ukrainern und nun auch von unzähligen russischen Kollaborateuren und Verdächtigen. 1944 wurden sogar

20

polnische Widerstandskämpfer, die in Ostpolen auf seiten der Sowjets gekämpft hatten, divisionenweise in KZs verfrachtet[43]. Nach amerikanischen Erkenntnissen errichteten die Sowjets in Polen nach dem Krieg 17 Konzentrationslager für Gegner ihrer Besetzung[44].

Neu in der sowjetischen Lagerwelt waren die 320000 (nach anderer Berechnungsweise 420000) rumänischen Kriegsgefangenen; weniger als die Hälfte von ihnen hat die Heimat wiedergesehen[45]. Aus Ungarn holten sich die Sowjets 600000 Zwangsarbeiter (diese Zahl umfaßt ungarische Zivilisten, Kriegsgefangene und 30000–35000 Ungarndeutsche[46]).

Neu war auch die Auslöschung ganzer Völker durch Verschleppung und Dezimierung. Es handelte sich hier um mehrere kleine, überwiegend islamische Völker im Gebiet von Krim, Wolga und Kaukasus, vor allem um Tschetschenen (407000), Krimtataren (202000), Kalmücken (134000) usw.; die Wolgadeutschen werden im nächsten Kapitel separat behandelt. Etwa 1,3 Millionen Angehörige dieser Nationalitäten wurden zwischen 1943 und 1949 deportiert[47]. Robert Conquest hat aus amtlichen Moskauer Quellen eine »offiziöse« Verlustziffer von 22 Prozent der Verschleppten errechnet[48]. Als realistisch sieht er aber etwa 40 Prozent an, was der prominente Dissident A. Sacharow ausdrücklich bestätigt[50].

In seiner vielzitierten Geheimrede auf dem 20. Parteitag der KPdSU erklärte Parteisekretär Chruschtschow am 25. 2. 1956 zu Stalins Völkermord wörtlich: »Die Ukrainer entgingen diesem Schicksal lediglich deshalb, weil sie zu zahlreich sind und kein Raum vorhanden war, wohin man sie hätte deportieren können. Sonst hätte er auch sie deportiert.« Tatsächlich aber hat Stalin gegen Ende des Krieges annähernd eine Million Ukrainer verschleppt[51]; unnötig, die offizielle Begründung hierfür zu wiederholen.

Nach dem Krieg wurden 5,5 Millionen ehemalige Sowjetbürger repatriiert – Kriegsgefangene, »Fremdarbeiter«, Flüchtlinge, aktive Antikommunisten, Emigranten aus der Vorkriegszeit. 2,27 Millionen davon hatten die Anglo-Amerikaner gegen den Willen der Betroffenen und teils unter Gewaltanwendung ausgeliefert. Tausende wurden sofort erschossen, der Rest überwiegend in Konzentrationslager verbracht, wo die Mehrheit umkam[53]. Mit ihren Familien als Verbrecher behandelt wurden nicht nur Soldaten der Wlassow-Armee und Kosaken, die auf deutscher Seite gegen Stalin gekämpft hatten, sondern auch russische Zwangsarbeiter aus Deutschland und sogar gestrandete Sowjetmatrosen aus Schweden[54] – offenbar hatten sie im Westen zu viel gesehen.

Noch im Januar 1946 verschickte die schwedische Regierung geflohene Balten gewaltsam und ohne jeden Grund – anders als die Anglo-Amerikaner hatte sie nicht einmal ein entsprechendes (völkerrechtswidriges) Abkommen unterzeichnet – nach Osten, in den sicheren Tod. Nach Meinung des sozialdemokratischen Außenministers Osten Undén »bestand nicht der geringste Grund, die sowjetische Regierung der Ungerechtigkeit zu verdächtigen und . . . es wäre taktlos, die Sowjetunion als etwas anderes als einen Rechtsstaat zu betrachten«[55].

Zum Thema der antikommunistischen Kämpfer bliebe nachzutragen, daß die Sowjetunion z. Zt. des Zweiten Weltkrieges mehr Überläufer als Anti-Hitler-Partisanen hervorgebracht hat[56], daß es mehr als 100 große Partisanengruppen gab, die im Rücken der Roten Armee operierten, und zwar in Gegenden, die nie von Deutschen besetzt wurden[57], und daß auch nach dem Krieg baltische, polnische und vor allem ukrainische Partisanen (letztere unter ihrem Anführer Bandera) den Sowjets jahrelang zu schaffen machten[58]. In der polnischen Region Sandomierz z. B. wurden zwischen dem 14. 8. 1944 und 13. 2. 1945 von den sowjetischen Besatzern mehr Menschen verhaftet als in den vier Jahren der NS-Herrschaft[59].

All diese Gewalt- und Bluttaten Stalins werfen auch ein neues Licht auf die 20 Millionen »Kriegsopfer« der Sowjetunion[60]. Der Historiker Nikolai Tolstoy kommt nach eingehender Analyse aller einzelnen Vorgänge zu einer ebenso logischen wie überraschenden Konsequenz: »Es ist offenkundig, daß die Todesfälle, die den Deutschen unmittelbar zuzuschreiben sind, nur ein Drittel, höchstens die Hälfte der sowjetischen Gesamtverluste an Menschenleben in den Jahren 1939–1945 ausmachen.«[61] Etwas weniger überraschend wirkt diese Schlußfolgerung vielleicht, wenn man bedenkt, daß nach Erkenntnissen französischer und belgischer Wissenschaftler, die mit denen des Internationalen Roten Kreuzes übereinstimmen, die ersten fünf Jahrzehnte der Sowjetherrschaft rund 49 Millionen Menschen das Leben gekostet haben, Kriegsopfer nicht eingerechnet[62]. Nach den Untersuchungen russischer Soziologen forderte die Sowjetherrschaft bisher sogar schon 52 bis 66 Millionen Menschenopfer[63].

2. Vertreibung

Zeittafel

Die nachstehende Chronik ist eine gekürzte Fassung der »Zeittafel der Vorgeschichte und des Ablaufs der Vertreibung . . .«, die 1959 in Bonn vom Bundesministerium für Vertriebene, Flüchtlinge und Kriegsgeschädigte herausgegeben wurde.

1938

29. 9. 1938   Münchener Abkommen (Großbritannien, Frankreich, Italien, Deutsches Reich) über Anschluß des Sudentenlandes an das Deutsche Reich.

Dezember 1938   Präsident Benesch und (später Minister) Ripka erörtern Ausweisung der Sudetendeutschen nach einem erwarteten erfolgreich verlaufenden Krieg.

1939

15. 3. 1939   Hitler besetzt die Tschechoslowakei; Errichtung des Protektorates Böhmen und Mähren.

1. 9. 1939   Deutscher Einmarsch in Polen.

17. 9. 1939   Note der Sowjetregierung an Polen und Einmarsch der Roten Armee in Ostpolen.

1941

22. 6. 1941   Das Deutsche Reich erklärt der Sowjetunion den Krieg, deutsche Truppen marschieren in Rußland ein.

14. 8. 1941   Atlantik-Charta (Roosevelt und Churchill). Punkt 2 bestätigt: »Die unterzeichnenden Länder wünschen keine Gebietsveränderungen, die nicht mit den frei geäußerten Wünschen der betroffenen Völker übereinstimmen.«

15. 8. 1941   Beginn der Deportationen der Wolgadeutschen nach Sibirien und Zentralasien, Auflösung der Republik der Wolgadeutschen in der Sowjetunion.

September 1941   Exilpräsident Benesch fordert Ausweisung der Sudetendeutschen.

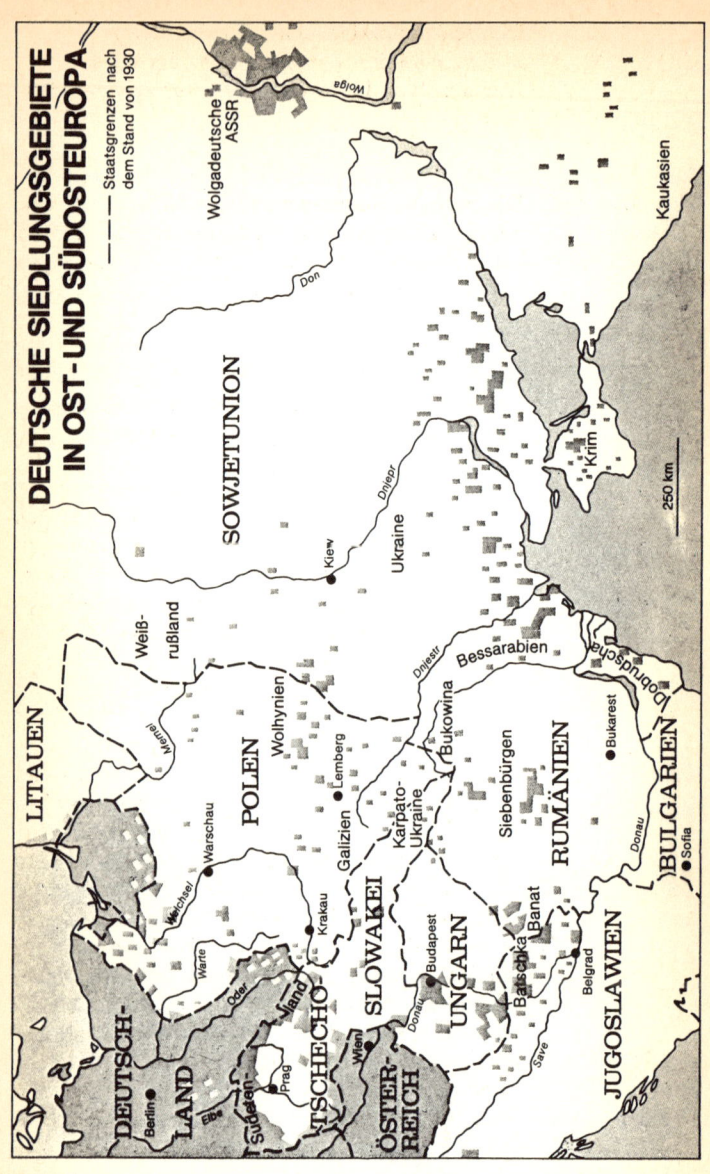

DEUTSCHE SIEDLUNGSGEBIETE IN OST- UND SÜDOSTEUROPA

–––– Staatsgrenzen nach dem Stand von 1930

LITAUEN

DEUTSCH-LAND
Berlin

Warthe
Oder
Elbe
Prag
Sudeten-land
TSCHECHO-SLOWAKEI
Wien
ÖSTER-REICH

POLEN
Warschau
Weichsel
Krakau
Galizien
Lemberg
Wolhynien

Weiß-rußland

Memel

SOWJETUNION

Wolgadeutsche ASSR

Wolga

Don

Dnjepr

Kiew

Ukraine

Dnjestr

Bessarabien

Krim

Kaukasien

Karpato-Ukraine
SLOWAKEI
Budapest
Donau
UNGARN
Batschka
Banat
Belgrad
Save
JUGOSLAWIEN

Bukowina
Siebenbürgen
RUMÄNIEN
Bukarest
Donau
Dobrudscha

BULGARIEN
Sofia

250 km

24

11. 12. 1941	Deutschland erklärt den USA den Krieg.
16. 12. 1941	Stalin und Molotow verlangen von Eden (britischer Außenminister) in Moskau Abtretung Ostpreußens an Polen.

1942

September 1942 Die britische Regierung teilt der tschechoslowakischen Exilregierung in London mit, daß sie im Prinzip nichts gegen eine Ausweisung der Sudetendeutschen einzuwenden habe.

1943

28. 11. bis
1. 12. 1943 Konferenz von Teheran (Roosevelt, Churchill, Stalin) behandelt u. a. neue polnische Grenzen. Churchill schlägt die Oderlinie als polnische Westgrenze und Abtretung ganz Oberschlesiens an Polen vor. Von der Neiße (westliche oder östliche) ist nicht die Rede. Roosevelt und Churchill stimmten Stalins Forderung nach dem Gebiet von Königsberg zu, der dann bereit war, Churchills Vorschlag zugunsten Polens anzunehmen. Roosevelt regt »Bevölkerungsaustausch« für die betroffenen Gebiete an, Stalin hält Durchführung für möglich.

1944

Oktober 1944 Volksdeutsche aus Nordsiebenbürgen und Ungarn werden behördlich evakuiert nach Österreich und Schlesien; Beginn der Flucht aus dem Memelland und aus Ostpreußen nach Pommern.

21. 11. 1944 Internierung der Volksdeutschen und Liquidation ihres Besitzes in Jugoslawien beginnt.

10. 12. 1944 De Gaulle und Außenminister Bidault schließen in Moskau den sowjetisch-französischen Freundschaftsvertrag und kommen überein, das linke Rheinufer an Frankreich, Ostpreußen, Pommern und Schlesien an Polen fallen zu lassen.

17. 12. 1944 Arciszewski (Chef des polnischen Exilkabinetts in London) verlangt Ostpreußen, Oberschlesien und Teile von Pommern für Polen, wünscht jedoch weder Breslau noch Stettin.

Dezember 1944 bis Januar 1945	Volksdeutsche aus Rumänien, Ungarn und Jugoslawien werden in die Sowjetunion verschleppt.

1945

3.–12. 2. 1945	Krimkonferenz in Jalta (Churchill, Roosevelt, Stalin): Polen soll durch beträchtlichen Gebietszuwachs im Westen und Norden für Abtretungen im Osten entschädigt werden. Die endgültige Festlegung der Westgrenze Polens ist bis zur Friedenskonferenz zurückgestellt worden. Ein Geheimprotokoll sieht als Reparationen u. a. die Verwendung von Deutschen als Arbeitskräfte vor.
28. 2. 1945	Maßnahmen gegen die in Polen zurückgebliebenen Deutschen und Volksdeutschen, wie Unterbringung in Arbeitslagern, Vermögensentzug u. ä. laufen an.
Februar 1945 bis April 1945	Massenverschleppungen von Deutschen aus den von der Roten Armee besetzten Gebieten nach der Sowjetunion.
Mai 1945 bis Juni 1945	Behördlich angeordnete, wilde Ausweisung der Deutschen aus polnisch verwalteten Gebieten östlich der Oder-Neiße-Linie durch polnische Miliz erzwungen.
8. 5. 1945	Bedingungslose Kapitulation der deutschen Wehrmacht und Abschluß der Kämpfe in Europa.
14. 6. 1945	Beginn der Ausweisung der Sudetendeutschen auf Anweisung örtlicher tschechischer Militärkommandanten.
17. 7. 1945 bis 2. 8. 1945	Konferenz in Potsdam (Stalin, Churchill/Attlee, Truman).
2. 8. 1945	Potsdamer Erklärung – Art. IX: »Die drei Regierungschefs bekräftigen ihre Auffassung, daß die endgültige Festlegung der Westgrenze Polens bis zu der Friedenskonferenz zurückgestellt werden soll.« Art. XIII: »Die drei Regierungen erkennen an, daß die Überführung der deutschen Bevölkerung oder Bestandteile derselben, die in Polen, der Tschechoslowakei und Ungarn zurückgeblieben sind, nach Deutschland durchgeführt werden muß.«

Oktober 1945 bis 1948	Austreibung der Deutschen aus Polen und aus den polnisch verwalteten deutschen Provinzen jenseits der Oder-Neiße-Linie (Einzeltransporte bis zum Jahre 1950).

1946

2. 6. 1946	Ansprache des Papstes zur Not der Kriegsgefangenen und Vertriebenen. Er fordert Schluß mit dem System der Gefängnisse und Konzentrationslager.

1948

24. 3. 1948	Die Konzentrationslager für Deutsche werden in Jugoslawien aufgehoben.

Verluste an Menschenleben

Nicht nur im Osten gab es Vertreibungen; auch im Westen wurden rund 200000 Deutsche ausgewiesen. Die meisten kamen aus dem Elsaß, einige aus dem Saargebiet und Luxemburg. Da dieser Vorrang aber nicht zu nennenswerten Bevölkerungsverlusten führte, kann er im Rahmen dieses Buches unberücksichtigt bleiben.

Äußerst verlustreich verliefen Flucht und Vertreibung im Osten. Daß angesichts der Massenverbrechen der Roten Armee Millionen Flüchtlinge um ihr Leben laufen mußten und dabei durch Kälte und Erschöpfung dezimiert wurden, daß dann in polnischen, russischen, tschechischen und jugoslawischen KZs Hunderttausende Opfer der Unmenschlichkeit wurden und daß schließlich Unzählige in der Heimat oder auf Vertreibungstransporten an Hunger und Seuche starben, ist schon des öfteren berichtet worden. Selten untersucht dagegen wurde der Umfang der Menschenverluste in den Vertreibungsgebieten.

Bei der Ermittlung der deutschen Bevölkerungsverluste jenseits von Oder und Neiße und in den auslandsdeutschen Siedlungsgebieten in Ost- und Südosteuropa gilt es zunächst, den dortigen Bevölkerungsstand gegen Ende des Krieges festzustellen. In mehrjähriger Forschungsarbeit, deren Einzelheiten hier naturgemäß nicht wiedergegeben werden können, hat eine Expertenkommission des Statistischen Bundesamtes für die Vertreibungs- und Deportationsgebiete eine

27

Bevölkerungszahl von über 16,5 Millionen zum Stichtag berechnet, wovon auf das Reichsgebiet (in den Grenzen von 1937) 9,29 Millionen und auf Danzig, Memelland, Sudetenland und die anderen Regionen rund 7,25 Millionen entfallen[1].

Diese Zahlen umfassen nur die ständigen Bewohner der genannten Gebiete. Angesichts der z. T. schwierigen Quellenlage in den 50er Jahren mußten bei den Erhebungen des Statistischen Bundesamts die Rußlanddeutschen (Sowjetunion in ihren Vorkriegsgrenzen) ebenso unberücksichtigt bleiben wie die nach 1939 im Osten zugezogenen West- und Mitteldeutschen[2]. Beide Gruppen wurden aber schwer verfolgt und hatten entsprechende hohe Menschenopfer zu beklagen.

In den rußlanddeutschen Siedlungsgebieten lebten nach amtlichen Moskauer Angaben bei Kriegsbeginn knapp anderthalb Millionen Deutsche. Wegen der bekannten Tendenz der sowjetrussischen Statistiker, die Zahl der Minderheiten möglichst niedrig erscheinen zu lassen, schätzt man die tatsächliche Zahl der Deutschen auf bis zu 2 Millionen[3]. Ebenso wie die Krimtataren, Kalmücken und andere nichtrussische Volksgruppen wurden die Rußlanddeutschen noch während des Krieges unter menschenunwürdigen Bedingungen in den asiatischen Teil der Sowjetunion zwangsweise umgesiedelt bzw. verschleppt.

Das Schicksal der einheimischen Deutschen in den Vertreibungsgebieten teilten die Zugezogenen. Es waren dies vor allem die Luftkriegsevakuierten. Allein in den Oder-Neiße-Gebieten zählte man 825 000 Evakuierte[4]. Dazu kamen noch Bombenflüchtlinge in den anderen Vertreibungsgebieten wie Sudetenland und »Warthegau«, die als wenig luftkriegsgefährdet galten. Unter Berücksichtigung aller Umstände muß mit weit über einer Million Evakuierten im Osten gerechnet werden.

Daneben aber sind die sog. ausgelagerten Betriebe aus den bombengefährdeten west- und mitteldeutschen Landesteilen und ihre Belegschaften, zugezogene Verwaltungsbeamte und ihre Familien und die sog. Kinderlandverschickung zu erwähnen. Zu diesen Gruppen finden sich – abgesehen von den nur bedingt ergiebigen sog. Verbrauchsgruppenstatistiken – lediglich bruchstückhafte Angaben, etwa, daß sich in den gesetzten tschechischen Gebieten (»Protektorat Böhmen und Mähren«) 400 000 Reichsdeutsche aufhielten[5], daß schon 1940 im Sudetenland 200 000 Deutsche zugezogen waren oder daß in Danzig und in den besetzten polnischen Gebieten 460000 (nach einer anderen Quelle 590000) Reichsdeutsche lebten[6].

Alles in allem ergibt sich bei vorsichtiger Schätzung ein Zugang von 2–2,5 Millionen Menschen in den Vertreibungsgebieten, was mehrere Autoren ausdrücklich bestätigen[7].

Eine Bilanz der potentiellen Vertreibungsopfer müßte daher etwa folgendermaßen aussehen:

16,5 Millionen Einheimische in allen Vertreibungsgebieten ohne Sowjetunion (in ihren Vorkriegsgrenzen)

1,5 Millionen Rußlanddeutsche (Mindestschätzung)

2 Millionen zugezogene West- und Mitteldeutsche (Mindestschätzung)

20,0 Millionen deutsche Aufenthaltsbevölkerung in den Vertreibungs- und Deportationsgebieten gegen Ende des Krieges

Als Nachkriegsverluste hat das Statistische Bundesamt in seiner erwähnten Untersuchung diejenigen Verluste der deutschen Zivilbevölkerung im Osten bezeichnet, die nach Ende der Kampfhandlungen in den betreffenden Gebieten eingetreten sind[8]. Um die entsprechenden Zahlen zu gewinnen, mußten gefallene Soldaten, Opfer des Bombenkrieges und nach Möglichkeit auch Opfer von Erdkämpfen aus der Bilanz eliminiert werden. In Pommern und Schlesien gelang dies vollständig; in Schlesien z. B. zählte man in den letzten Kriegstagen 80000 zivile Kriegsopfer, in Pommern 35000[9]. In Ostpreußen und Ostbrandenburg war eine solche Differenzierung allerdings nicht möglich. Da aber einerseits die Wissenschaftler bei den Verlustschätzungen bewußt nur Mindestwerte angesetzt haben und andererseits gewisse nicht als Kampfhandlungen zu bezeichnende Komplexe wie z. B. die Massakrierung deutscher Zivilisten durch slowakische und jugoslawische Partisanen vor Durchzug der Front und die Opfer der Prager Mai-Pogrome von 1945 (überwiegend nach dem 8. 5. 1945) nicht in der Verlustbilanz enthalten sind[10], dürfte sich am Endergebnis nicht allzuviel ändern[11].

Die Ermittlungen des Statistischen Bundesamts, die nach dem international üblichen System der Bevölkerungsbilanzen angestellt wurden[12], kamen ohne Berücksichtigung der Rußlanddeutschen und der nach 1939 Zugezogenen zu folgender Bilanz der vertreibungsbedingten Bevölkerungsverluste:

	in absoluten Zahlen	in Prozent der (deutschen) Einwohner
Ostpreußen	299 000	14
Ostpommern	364 000	20
Ostbrandenburg	207 000	35[13]
Schlesien	466 000	10
Danzig	83 000	20
Baltische Staaten einschl. Memelland	51 000	21
Tschechoslowakei einschl. Sudetenland	272 000	8
Polen	185 000	14
Ungarn	57 000	15
Jugoslawien	135 000	25
Rumänien	101 000	12

Insgesamt ergibt sich eine Verlustzahl von rund 2,23 Millionen. Die Schätzungen wurden wie schon erwähnt, »mit größter Vorsicht vorgenommen«; sie stellen Mindestzahlen dar[14].

Die Untersuchung bezeichnet die Verlustzahlen auch als »ungeklärte Fälle«, betont aber zugleich, daß von den Verschollenen die allerwenigsten überlebt haben dürften[15]. Der Größenordnung nach können »ungeklärte Fälle« und Vertreibungsverluste jedenfalls gleichgesetzt werden. Eine spätere Publikation des Statistischen Bundesamtes nennt z. B. eine Zahl von 2,11 Millionen[16], während die jüngste vorliegende Untersuchung, nämlich die unveröffentlichte »Gesamterhebung zur Klärung des Schicksals der deutschen Bevölkerung in den Vertreibungsgebieten«, die der Kirchliche Suchdienst in München in den 60er Jahren erstellte, auf 2,3 Millionen kommt[17]. Die Abweichungen sind demnach überraschend gering; die Statistiken der »Deutschen Vertreibungsverluste« dürften zu dem am besten gesicherten Zahlenmaterial der zeitgeschichtlichen Forschung gehören.

Wie bereits erwähnt, fehlte in den 50er Jahren noch ausreichendes Zahlenmaterial über das Schicksal der Rußlanddeutschen; man hat daher im Statistischen Bundesamt diese Volksgruppe und ihre Menschenverluste nicht berücksichtigen können. Zwischenzeitlich jedoch liegen einige Untersuchungen vor, und es lassen sich wenigstens Mindestzahlen errechnen. – Ausgangspunkt ist die Tatsache, daß schon während des Krieges 900 000 Rußlanddeutsche in den asiatischen Teil der Sowjetunion verschleppt wurden und außerdem von den in den Westen geflüchteten Deutschen ab 1945 weitere 270 000 im Wege der Zwangsrepatriierung nachfolgten[18]. Von den 900 000 Verschleppten sind über 30 Prozent umgekommen[19] (wie vorsichtig diese Zahl geschätzt ist, zeigt die Tatsache, daß die Verluste der gleichzeitig verschleppten Krimtataren heute mit über 46 Prozent angegeben wurden[20]). Die Verluste der 270 000 Zwangsrepatriierten sind mit 37 Prozent zu beziffern[21]. Hieraus ergibt sich eine Opferzahl von über 350 000 bei den Wolga-, Schwarzmeer- und anderen Sowjetdeutschen. Durchaus glaubwürdig erscheinen vor diesem Hintergrund die neuesten Zahlenangaben, die von den Rußlanddeutschen selbst stammen. Demnach hat die Volksgruppe einen Gesamtverlust von über 400 000 Menschenleben erlitten[32].

Was in der Gesamtbilanz schließlich noch fehlt, sind die Menschenopfer der 2 bis 2,5 Millionen Zuwanderer, von denen vorher schon die Rede war. Grundsätzlich ist dabei festzustellen, daß dieser Personenkreis ähnlich hohe Verluste zu beklagen hatte wie die einheimische Bevölkerung[23]. In Einzelfällen wie z. B. in Ostbrandenburg gelang die bevorzugte Evakuierung wenigstens der Bombenflüchtlinge[24]. Andererseits gab es besonders viele zugezogene Verwaltungsbeamte in Gegenden mit hoher Verlustquote, z. B. in den besetzten tschechischen Gebieten: Während im Sudetenland 6,6 Prozent der Deutschen getötet wurden, waren es im sog. Protektorat Böhmen und Mähren 14,5 Prozent[25]. Die Verluste der Zugezogenen dürften daher allenfalls geringfügig unter dem statistischen Mittel aller Vertreibungsgebiete liegen. Um eine Überschätzung auszuschließen, wird man die Menschenopfer der Nichteinheimischen etwa ein Fünftel unter dem allgemeinen Mittelwert von 14,3 Prozent, also bei mindestens 11 Prozent ansetzen, was bei einer (Mindest-)Zahl von 2 Millionen 220 000 ausmacht. Abschließend ergibt sich damit das folgende Bild:

Vertreibungs- und Deportationsverluste der deutschen Zivilbevölkerung im Osten (Zahlen in Millionen)

Ostdeutschland, Ost- und Südosteuropa (ohne Rußlanddeutsche und zugezogene Bevölkerung)	2,23
Rußlanddeutsche	0,35

Ungezählt blieben bis heute die Fälle von Vergewaltigung, schwerer Mißhandlung und andere Verbrechen, die bleibende körperliche oder psychische Schädigungen im Gefolge hatten.

Es muß in diesem Zusammenhang noch einmal betont werden, daß alle genannten Zahlen auf Mindestschätzungen beruhen, und daß die tatsächlichen Menschenverluste vermutlich höher liegen. Durchaus realistisch erscheint daher die Angabe von 3 Millionen bzw. »mehr als 3 Millionen« Vertreibungs- und Deportationsopfern, die sich in einer Anzahl seriöser Publikationen findet[26]. Die gelegentlich zitierte Zahl von 2 Millionen Vertreibungsopfern beruht regelmäßig auf einer Abrundung der (Teil-)Ergebnisse des Statistischen Bundesamtes.

Als Bilanz des Geschehens östlich und südöstlich von Oder, Neiße und Böhmerwald bleibt festzuhalten: Nach derzeitigem Erkenntnisstand liegen die Vertreibungsverluste (einschließlich der Deportationsverluste) der deutschen Zivilbevölkerung im Osten zwischen 2,8 und 3 Millionen Menschen.

Vertreibungsopfer und Verbrechensopfer

Zum Kreis der Opfer bemerkt der Bericht des Bundesarchivs über die Vertreibungsverbrechen aus dem Jahr 1974, höhere Funktionäre der NSDAP hätten sich in der Regel rechtzeitig absetzen können. Von Gewalttaten der Roten Armee wurden nach dieser Untersuchung[27] vor allem Menschen betroffen,

»— die nicht mehr hatten fliehen können, da die Räumung ihrer Gemeinden zu spät oder überhaupt nicht angeordnet worden war, oder

— Bewohner von Stadtgemeinden, für deren Räumung nur begrenzte Transportmöglichkeiten mit der Eisenbahn bestanden, oder

— Personen, die nicht fliehen wollten, wie vielfach Frauen, deren Männer bei der Wehrmacht waren und die sich mit ihren Kindern nicht von zu Hause entfernen wollten, oder

- körperlich Behinderte und alte Menschen, die die Strapazen der Flucht befürchteten;
- in Landgemeinden blieben aber auch Bauern zurück, die sich von dem ererbten Hof nicht trennen wollten«.

Es kann also nicht die Rede davon sein, daß es sich bei den Getöteten um Opfer einer zwar summarischen, letztlich aber verdienten Schnelljustiz gehandelt habe. Gerade am Beispiel der Roten Armee – aber nicht nur da – läßt sich unschwer dartun, daß jedenfalls die Mehrzahl der Morde weniger einem persönlichen Rachebedürfnis, als vielmehr einer systematischen Völkerhaßkampagne in Verbindung mit Straffreiheit sowie sexuellen und materiellen Anreizen (Plünderung, Vergewaltigung) entsprang.

Ein näheres Eingehen auf die Motive der Täter, die der Verfasser bereits anderenorts ausführlich behandelt hat[28], würde den Rahmen der vorliegenden Untersuchung sprengen.

Schwere Schuld auf sich geladen haben auch nationalsozialistische Autoritäten, die in manchen Gemeinden die Evakuierung der ostdeutschen Zivilbevölkerung verspätet anordneten, obwohl bekannt war, daß die Zurückgebliebenen zum großen Teil Opfer von Gewaltverbrechen werden würden. Diese wohl letzte Eintragung im Sündenregister des Dritten Reiches nimmt jedoch der Schuld der Täter selbst nichts von ihrem Gewicht – ebenso wie z. B. das teilweise Versagen westlicher Länder bei der Emigration und Aufnahme jüdischer Flüchtlinge[29] die Verantwortlichen der »Endlösung« in keiner Weise entlasten kann.

Gelegentlich wird bei den Vertreibungsverlusten zwischen Todesfällen als unmittelbare Folge von Verbrechen einerseits und als Folge von Hunger, Erschöpfung, Selbstmord usw. andererseits differenziert, wobei sich naturgemäß bei der ersteren Gruppe eine niedrigere Zahl als bei der letzteren – Relation etwa 1:2 – ergibt[30]. So berechtigt das wissenschaftliche Interesse an solchen Unterscheidungen auch sein mag, an der politisch-moralischen Gesamtbewertung wollen und können sie nichts ändern, dienten doch 1944/1945 gerade die Haßpropaganda und die Straffreiheit von Verbrechen der beschleunigten Entvölkerung der Vertreibungsgebiete; die durch Greueltaten ausgelöste große Fluchtwelle war ein wichtiges Argument Stalins bei den Grenzdebatten in Jalta und Potsdam[31].

Auch in der Tschechoslowakei und den anderen Vertreibungsgebieten lagen die Dinge nicht anders. Schon am 27. Oktober 1943 erklärte Exilregierungspräsident Eduard Benesch (Edvard Benes) in einer Rundfunkbotschaft an die Tschechoslowaken: »In unserem Land wird das Ende des Krieges mit Blut geschrieben werden.«[32] Ähnliches hat eine amerikanische Quäkerin über ihre Unterredung mit dem tschechoslowakischen Exilminister Stransky am 28. November 1944 berichtet: »Stransky ... glaubt, die Verhältnisse im Sudetenland nach dem Waffenstillstand würden derartige sein, daß sich das deutsche Problem zum guten Teil ohne Transfer von selber lösen wird. Die sudetendeutsche Bevölkerung würde sogar ohne offiziellen Transfer drastisch reduziert werden. ... Es wird ein schreckliches Elend geben (bude hrozna bida). Es wird daher erwartet, daß es in der ersten Periode nach der Befreiung im Sudetenland eine sehr hohe Sterblichkeit geben wird.«[33]

Nach Kriegsende haben die Verantwortlichen nach Kräften dazu beigetragen, ihre eigenen Prophezeiungen wahr zu machen. In einer Rede in Melnik erklärte Präsident Benesch am 14. Oktober 1945: »In letzter Zeit werden wir aber in der internationalen Presse kritisiert, weil die Umsiedlung der Deutschen bei uns in einer unwürdigen und unzulässigen Weise durchgeführt werde. ... Wir würden angeblich einfach die Nazisten in ihren grausamen, unzivilisierten Methoden nachahmen[34]. Mögen diese Vorwürfe vielleicht in Einzelheiten wahr sein oder auch nicht, ich erkläre ganz kategorisch: Unsere Deutschen müssen ins Reich fortgehen, und sie werden in jedem Fall fortgehen.«[35]

Der Tod bei Flucht und Vertreibung wurde billigend in Kauf genommen – rechtlich gesehen ein Fall des bedingten Vorsatzes (dolus eventualis), der dem dolus directus gleichgestellt ist. Auch bei den NS-Verbrechen haben Wissenschaftler untersucht, welcher Prozentsatz der Opfer gezielt getötet wurde und wie viele »an Überarbeitung, Seuche, Hunger und Elend« zugrunde gingen[36], ohne daß deswegen die Gesamtzahl der Opfer relativiert worden wäre.

Nicht zu übersehen ist ferner, daß Vertreibungen als solche auch nach Auffassung der Alliierten Verbrechen darstellten. Schon am 17. Oktober 1942 hatte das polnische Exilkabinett in London ein Dekret gebilligt, das im Hinblick auf die Umsiedlungsaktionen Hitlers und Stalins in Polen für Deportation die Todesstrafe vorsah[37]. Tatsächlich erklärte dann am 8. August 1945 der Londoner Vertrag über die »Verfolgung und Bestrafung der Hauptkriegsverbrecher der europäischen Achse« Deportationen aller Art zu Kriegsverbrechen bzw. Verbrechen gegen die Menschlichkeit (Titel II, Art. 6, Buchst. b und c des Status zu Art. 2 des Vortrages)[38]. Eine Verfolgung alliierter Täter war in dem Vertrag allerdings nicht vorgesehen.

Am 30. September und 1. Oktober 1946 verurteilte das Internationale Militärtribunal von Nürnberg mehrere führende Nationalsozialisten zum Tode. Einige von ihnen waren u. a. des Versuchs für schuldig befunden worden, in gewissen annektierten Gebieten »den bisherigen Volkscharakter dieser Gebiete zum Verschwinden zu bringen«. Zu diesem Zweck – so hatte schon die Anklageschrift ausgeführt – »deportierten die Angeklagten gewaltsam Einwohner ... und brachten dafür Tausende von deutschen Siedlern in die betreffenden Gebiete«. Dazu stellt das Urteil ergänzend fest: »Die Verbrechen gegen die Zivilbevölkerung ... waren Teil eines Planes, sie zu beseitigen und ihr Gebiet für deutsche Siedlungszwecke frei zu machen.«[39] – In anderen Verfahren, z. B. im Prozeß gegen Angehörige des Rasse- und Siedlungshauptamts[40], wurden ebenfalls Gefolgsleute Hitlers verurteilt, weil sie in Vertreibungen verwickelt waren. Als Völkermord betrachtet die UNO-Resolution über den Genozid vom 9. Dezember 1948 ebenso wie das deutsche Strafrecht (§ 220 a des Strafgesetzbuches) nicht nur die physische Vernichtung bestimmter Gruppen, sondern auch andere Formen der Verfolgung, die zur Zerstörung der Identität dieser Gruppen führen. Die Stämme der Schlesier, Ostpreußen, Wolgadeutschen usw. haben praktisch zu existieren aufgehört; das Geschehen in den Vertreibungsgebieten – die größte Völkervertreibung der Weltgeschichte – müßte als Genozid eingestuft werden, selbst wenn es nicht so viele Menschenleben gekostet hätte.

Unter diesen Aspekten dürfte es kaum zu vermeiden sein, sämtliche Menschenopfer im Rahmen der Vertreibung als Verbrechensopfer zu betrachten. Ob dann die weitere Differenzierung zwischen Verbrechensopfern im engeren Sinn (»als Folge von Gewalttaten und Unmenschlichkeiten«) und im weiteren Sinn, wie sie z. B. die Dokumentation des Bundesarchivs versucht hat[41], jenseits des akademischen Bereichs Beachtung verdient, kann dahingestellt bleiben.

3. Kriegsgefangenschaft

Ausgangslage

Im Deutsch-Französischen Krieg 1870/71 zählte man insgesamt 400 000 Gefangene. Im Ersten Weltkrieg waren es schon 8,4 Millionen und im Zweiten Weltkrieg gar 35–40 Millionen[1]. Über 11 Millionen deutsche Soldaten erlebten – für längere oder kürzere Zeit – die Kriegsgefangenschaft; acht Millionen von ihnen gerieten erst während der Kapitulationsphase (März bis Mai 1945) in Gefangenschaft[2]. Ein Vergleich der verschiedenen Gewahrsamsmächte ergibt folgendes Bild[3]:

Gewahrsamsmacht	Zahl der deutschen Kriegsgefangenen
Großbritannien	3 635 000
USA	3 097 000
Sowjetunion	3 060 000
Frankreich	937 000
Jugoslawien	194 000
Polen	70 000
Belgien	64 000
Tschechoslowakei	25 000
Niederlande	7 000
Luxemburg	5 000
Insgesamt	11 094 000

Bei diesen Zahlen ist bereits berücksichtigt, daß Großbritannien und die USA eine Anzahl von Gefangenen an andere Staaten abgegeben haben. Die Genfer Konvention von 1929 über die Behandlung von Kriegsgefangenen (die Sowjetunion war ihr nicht beigetreten[4]) verbot es zwar jedem Unterzeichnerstaat, seine Gefangenen der Aufsicht eines anderen Landes zu unterstellen, doch lieferten die Anglo-Amerikaner dessenungeachtet ca. 765 000 Gefangene zur Zwangsarbeit an Frankreich und ca. 76 000 an Belgien, Niederlande und Luxemburg aus[5], ferner gemäß Proklamation Nr. 2 des Alliierten Kontrollrats vom September 1945 200 000 an Rußland[6]. Hinzu kommt eine noch größere Zahl von Wehrmachtsangehörigen der Ostfront, vor allem im Raum Sachsen-Böhmen, die sich bei Kriegsende den Amerikanern ergeben wollten, aber von der US-Armee abgewiesen wurden[7]. Dies geschah aufgrund einer Abmachung zwischen der Sowjetunion und den Westmächten, wonach die deutschen Truppen derjenigen Macht zu überstellen seien, gegen deren Streitkräfte sie zuletzt gekämpft hatten. Die Sowjetunion ihrerseits lieferte ca. 100 000 Kriegsgefangene zur Zwangsarbeit an Polen und die CSR aus[8].

Sogar das neutrale Schweden übergab der Sowjetunion gestrandete oder sonstwie nach Schweden gekommene Seeleute, Flieger und Heeresangehörige. Die wissenschaftliche Kommission für deutsche Kriegsgefangenengeschichte vermerkte dazu: »Selten hat ein Ereignis die schwedische Öffentlichkeit so sehr erregt wie im November 1945 die bevorstehende Auslieferung von 167 Balten an die Sowjetunion. Hierbei wurde kaum beachtet, daß diese ein Teil der deutschen Streitkräfte gewesen waren und daß mit ihnen weiteren 2500 internierten deutschen Soldaten das gleiche Schicksal drohte. Erst einige Tage vor der Auslieferung erweiterte die schwedische Öffentlichkeit Anteilnahme und Solidarität auf die 2500, als diese durch Selbstverstümmelung die Preisgabe an den Feind zu verhindern versuchten. Sehr bald wurde erschreckend klar, daß der Auslieferungsbeschluß der Regierung in eklatantem Widerspruch zu den laut verkündeten Grundsätzen von Humanität und Neutralität stehe, ganz zu schweigen von der Tatsache, hierbei von völkerrechtlichen Normen abgewichen zu sein.«

In der Kriegsgefangenschaft haben deutsche Soldaten insgesamt 2 Milliarden Arbeitstage ableisten müssen[10], und zwar ganz überwiegend nach Kriegsende. Besonders im Osten und in Frankreich verzögerte sich die Entlassung der Gefangenen, weil man sie möglichst lange als Sklavenarbeiter ausbeuten wollte. Deutsche und internationale Stellen haben immer wieder gegen diesen schweren Rechtsbruch protestiert, z. B. das Internationale Komitee vom Roten Kreuz (IKRK) am 18. November 1947:

»Nun hat aber die Kriegsgefangenschaft nur einen einzigen Zweck: den feindlichen Soldaten an der Wideraufnahme der Waffen zu hindern. Ihre Verlängerung rechtfertigt sich also durch kein einziges militärisches Erfordernis, sobald der Krieg in der Tat beendet ist. Daher der vom internationalen Recht geheiligte Grundsatz, die Heimbeförderung jener Kriegsgefangenen, die nicht von der Justiz angefordert werden, so rasch als möglich nach Einstellung der Feind-

seligkeiten in die Wege zu leiten. ... Die Kriegsgefangenschaft ...
scheint derzeit vor allem deshalb aufrecht erhalten zu werden, um dem
Bedürfnis der Gewahrsamsmächte nach Arbeitskräften zu entsprechen. ... Angesichts dieser Sachlage hält sich das Internationale
Komitee vom Roten Kreuz verpflichtet, mit Nachdruck geltend zu
machen, wie sehr die Verlängerung eines solchen Zustandes den
allgemeinen Grundsätzen der Achtung der Person und der Menschenrechte widerspricht – Grundsätze, die jene des Roten Kreuzes sind.«[11]

Jugoslawien

Am schlechtesten hat man die Kriegsgefangenen im Tito-Staat behandelt. Von 194 000 gefangenen Deutschen in Jugoslawien starb rund die
Hälfte: mindestens 80 000, höchstwahrscheinlich sogar 100 000[12].

Die meisten Todesopfer forderten die von den Kommunisten prakti-
zierten Massenerschießungen, die zu den größten Massakern der
neueren Geschichte gehören. Es starben auf diese Weise in Belgrad
fast 30 000, in Marburg (Maribor) 20 000, in Windisch Feistritz (Slo-
venska Bistrica) 10 000 usw.[13]. Nach dem Krieg wurden mit den
Kriegsgefangenen Propagandamärsche (von den Partisanen Sühne-
märsche, von den Gefangenen Todesmärsche genannt) unter mörderischen Bedingungen veranstaltet. Etwa 10 000 Menschen dürften im
wahrsten Sinn des Wortes auf der Strecke geblieben sein[14] – erschossen, erschlagen bzw. an Hunger, Durst oder Erschöpfung gestorben.
   Viele, die sich ergeben hatten, wurden oft auf der Stelle verstümmelt, geblendet, gepfählt oder sonstwie grausam ermordet; diese
Tatsachen wurden u. a. auch bei den amerikanischen Militärgerichten
durchaus bekannt und anerkannt[15]. Vor diesem Hintergrund ist der
folgende Bericht eines Zeitzeugen zu sehen: »Es gab keinen deutschen
Soldaten, dem der Partisanenkrieg sympathisch gewesen wäre. In den
Wochen nach meinem Eintreffen auf dem Balkan erhielt ich Gesuche
von mehr als 1000 Soldaten aller Dienstgrade, die um Versetzung auf
den russischen Kriegsschauplatz baten, obwohl dort dauernd große
Kämpfe im Gange waren. Ich habe die Vorlage solcher Gesuche
untersagen müssen, da deren Genehmigung aussichtslos war. Man
würde aber die Natur der deutschen Soldaten, die alle fast ausnahmslos große Schlachten hinter sich hatten und die Kampfführung in
Rußland gut kannten, durch die Annahme ganz verkennen, daß

Abenteuerlust die Triebfeder ihres Wegstrebens vom Balkan mit seinen zum überwiegenden Teil im Kleinkrieg bestehenden Partisanenkampf war. Ein Grund lag vor allem darin, daß die Partisanen den Krieg nicht nach Soldatenart führten und sich nicht an die Gesetze des Krieges hielten.«[16]

Aber auch später in den Gefangenenlagern waren die Leiden noch lange nicht zu Ende. Die Folterungen im Lager Werschetz (Vrsac), das als das schlimmste Lager der Gefangenengeschichte bezeichnet wurde, erreichten ihren Höhepunkt erst 1949[17]. Ähnliche Vorgänge wie in Werschetz – Folterungen, um das Eingeständnis irgendwelcher Kriegsverbrechen zu erpressen – spielten sich übrigens zur gleichen Zeit in der Sowjetunion ab. Über ihre Hintergründe bemerkt die wissenschaftliche Kommission für deutsche Kriegsgefangenengeschichte:

»Warum sollten ... Gefangene zu ›Kriegsverbrechern‹ gemacht werden? Hierauf gibt es eindeutige Antworten sowohl aus dem Mund der verantwortlichen Jugoslawen als auch der deutschen Vernehmer, die darauf schließen lassen, daß es sich in Werschetz (Vrsac) 1949 um Scheinverfahren gehandelt hat, mit deren Ergebnissen ein politisches Ziel erreicht werden sollte. Belgrad (Beograd) wollte den Nachweis führen, daß an allem, was während des Krieges in Jugoslawien an Menschenleben vernichtet und an Sachwerten zerstört worden ist, die deutsche Wehrmacht und sie ganz allein schuld sei, so daß Deutschland dafür jetzt Genugtuung – und Reparationen zu leisten hat. Mehr noch. Auch die blutigen Untaten, die der Volkstumskampf zwischen den einzelnen Völkern Jugoslawien hervorgerufen hatte, mußten den Deutschen in die Schuhe geschoben werden, sollte der neu errichtete Vielvölkerstaat Jugoslawien nicht mit der Hypothek völkischer Gegensätze belastet werden.«[18]

USA und Frankreich

Schwerpunkt der Gefangenensterblichkeit im Westen war zweifellos Frankreich. Aber für eine kurze Zeit, unmittelbar nach der Kapitulation, herrschten auch in den amerikanischen Lagern am Rhein (»Rheinwiesenlager«) menschenunwürdige Verhältnisse. Einem Zeitungsbericht über die Zustände im Lager Remagen anno 1945 ist zu entnehmen:

»Das Lager ... war in etwa 25 Flächen aufgeteilt. Jede war für 5000 bis 7000 Menschen gedacht. Da man ihnen bei der Einlieferung aus unbekannten Gründen alles bis auf die gerade getragene Bekleidung abgenommen hatte, wühlten sie sich mit bloßen Händen Höhlen in die Erde, die aber während der zahlreichen Regengüsse bei im Frühjahr eiskalten Temperaturen häufig zusammenbrachen und die Insassen verschütteten. ›Tausendschaftsführer‹ hatten an ›Hundertschaftsführer‹, wenn einmal Nahrungsmittel geliefert wurden, diese aufzuteilen. Das bedeutete manchmal nichts, im besten Falle ein Kilo Brot pro Tag für 25 Leute, dazu je Mann ein Löffel Grieß, Milchpulver oder Kaffee – ohne Wasser. Täglich fuhren morgens Lastwagen durch die Lagerstraße und holten die Toten der Nacht ab.«[19]

Auch Ohrfeigen, Schlagen, Treten oder Peitschen war in den US-Lagern nicht gerade eine Seltenheit[20].

Nachdem diese chaotischen Zustände aber nicht lange vorherrschten, war die Zahl der Todesfälle geringer als oft angenommen wird: Nach amerikanischen Angaben starben im Rheinland 3053, nach deutschen Angaben mindestens 4537, insgesamt wahrscheinlich 5311 Kriegsgefangene[21]. Ungleich mehr Todesfälle als in den amerikanischen Camps wurden – relativ wie absolut – in den französischen Gefangenenlagern (depots) registriert. Nach amtlichen französischen Angaben gab es zwar nur 24 178 Tote[22]. Wie auch bei den französischen Opfern der großen Säuberung 1944/45 stimmen die amtlichen Zahlen aber vermutlich nicht mit den tatsächlichen überein[23]. Bei der Lektüre der 22bändigen Dokumentation »Die deutschen Gefangenen des Zweiten Weltkriegs« fällt auf, daß der Frankreich-Band im Gegensatz zu den meisten anderen Länderberichten und trotz zugegebener Zweifel an der Richtigkeit der Angaben des Gewahrsamsstaates diese – offenbar aus übergeordneten Gesichtspunkten[24] – einfach übernimmt. Demgegenüber dürfte die von nicht offizieller Seite genannte Zahl von 115 000[25] Toten in französischem Gewahrsam eher den Tatsachen entsprechen. Vereinzelte Massenerschießungen (noch während des Krieges), Übergriffe der Zivilbevölkerung und der Wachmannschaften, jahrelange Zwangsarbeit, völkerrechtswidriger Einsatz bei der Minenräumung, vor allem aber Hunger und Seuche erklären die hohen Menschenverluste der Kriegsgefangenen in Frankreich[26].

Von den 107800 Stalingrad-Gefangenen haben nur 6000 die Heimat wiedergesehen. Im Durchschnitt ist jeder dritte Wehrmachtsangehörige in sowjetischer Gefangenschaft umgekommen. Aufschlußreich ist auch eine zeitliche Aufschlüsselung der Mortalität in der UdSSR:

»Im Hinblick auf den zeitlichen Verlauf der Sterblichkeit lassen sich zwei Hauptabschnitte erkennen: Während des Krieges sind durchschnittlich 60 bis 70 Prozent der Kriegsgefangenen ums Leben gekommen; in den Nachkriegsjahren dürften etwa 20 bis 25 Prozent den Tod gefunden haben.

Ein nach den Jahren der Gefangennahme gegliederter Überblick ergibt folgendes Bild:

1941/42 in Gefangenschaft geraten: 90–95 Prozent verstorben
1943   in Gefangenschaft geraten: 60–70 Prozent verstorben
1944   in Gefangenschaft geraten: 30–40 Prozent verstorben
1945   in Gefangenschaft geraten: 20–25 Prozent verstorben[28].«

Hatte sich ein Soldat an der Ostfront ergeben, so durchlief er drei kritische Phasen, die über Leben und Tod entschieden: Zunächst bestand die Gefahr, daß er auf der Stelle getötet wurde – erschossen oder grausam massakriert. Diese Behandlung war während des Krieges in Jugoslawien bei den Tito-Partisanen die Regel, in der Sowjetunion eher die Ausnahme. Immerhin hat die »Wehrmacht – Untersuchungsstelle für Verletzung des Völkerrechts« auch hier große Mengen einschlägigen Materials gesammelt und aufgearbeitet, an dessen Glaubwürdigkeit nach heutigem Erkenntnisstand nicht zu zweifeln ist[29].

Die nächste kritische Phase[30] war dann der Marsch in ein behelfsmäßiges Sammellager, der Aufenthalt dort unter vielfach extremen Bedingungen und schließlich der strapazenreiche Transport in die mehr oder minder weit entfernten offiziellen Kriegsgefangenenlager[31]. Alle genannten Vorgänge spielten sich in einem Zustand der Improvisation ab, der für die Gefangenen naturgemäß ein erhöhtes Risiko bedeutete. Wie groß dieses Risiko sein konnte, zeigt in besonders krasser Weise der Fall Stalingrad; allerdings ist das Schicksal der dort Eingekesselten u. a. deswegen nicht repräsentativ, weil viele Soldaten schon vor der Kapitulation des Kessels durch Hunger, Kälte und Krankheiten geschwächt waren[32].

Aber auch in den reglementierten Kriegsgefangenenlagern, der dritten Phase, die der Gefangene zu durchlaufen hatte, haben Hunger, Seuche, Kälte, Mißhandlung und Überarbeitung noch Tausende das Leben gekostet. Mindestens ebenso stark wie die kriegsbedingte Propaganda (Gleichsetzung von »Faschisten« und Deutschen) und die systembedingte Geringschätzung des menschlichen Lebens dürfte sich hier bis etwa 1946 die schlechte Lebensmittelversorgung ausgewirkt haben, unter der auch die Zivilbevölkerung der Sowjetunion zu leiden hatte. Die bereits zitierte wissenschaftliche Kommission berichtet ergänzend:

»Die Schwerpunkte der Sterblichkeit lagen überwiegend in den Wintermonaten. So sind zum Beispiel von den in einem bestimmten Kriegsgefangenenlager beobachteten Todesfällen ca. 50 Prozent im Winter 1945/46, ca. 25 Prozent im Winter 1946/47 und ca. 5 bis 10 Prozent im Winter 1947/48 eingetreten. Man ersieht hieraus, daß der Rückgang der Sterblichkeit eng verknüpft ist mit der fortschreitenden Besserung der Lebensbedingungen. Es braucht nicht betont zu werden, daß natürlich auch die Sterblichkeit in den Winterhalbjahren während des Krieges sehr hoch und relativ am höchsten gewesen ist. Die Nachkriegszeit zeigt wiederum zwei Abschnitte, die als Kriterium für die Frage des Seins oder Nichtseins eines Kriegsgefangenen zu gelten haben; von 1945 bis 1947 kann von einer Fortsetzung erhöhter Lebensgefahr für die Kriegsgefangenen gesprochen werden, wie sie bereits während des Krieges bestand; danach sinkt die Todeskurve deutlich ab, bis sie 1949 den Normalstand erreicht hat.«[37]

Ein Sonderschicksal erlitten die Rotkreuzschwestern, Nachrichtenhelferinnen, Luftwaffenhelferinnen und das andere sog. Wehrmachtsgefolge, das den Sowjets in die Hände fiel. Obwohl völkerrechtlich geschützt und mit dem Status von »Nichtkombattanten« ausgestattet[34], wurden diese Frauen verschleppt und rücksichtslos zur Zwangsarbeit eingesetzt. Die »Suchdienstzeitung« berichtete am 31. Dezember 1954: »Es ist zu befürchten, daß die Sterblichkeit unter dem in Gefangenschaft geratenen weiblichen Wehrmachtsgefolge angesichts der ungewöhnlich harten Arbeit und der kaum zu leistenden Normen diejenige ihrer männlichen Schicksalsgefährten erreicht, wenn nicht gar übertrifft.«

Die wissenschaftliche Kommission für deutsche Kriegsgefangenengeschichte hat folgendermaßen resümiert: »Zusammengefaßt läßt sich, was im Westen und Osten erkennbar wurde, mit einigem Vorbehalt so ausdrücken: als weibliche Kriegsgefangene feststellbar waren etwa 25 000–30 000 Frauen des weiblichen Wehrmachtsgefolges, davon weitaus mehr im Osten als im Westen. Im Osten entgingen eben auch bereits von der Wehrmacht entlassene und im Zivilleben ›untergetauchte‹ Wehrmachtshelferinnen und Rotkreuzschwestern nicht dem allgemeinen Verschleppungsvorgang, auch wenn sie ihren Geburtsorten nach aus dem Westen stammten. Es erscheint zudem fraglich, ob die östlichen Gewahrsamsmächte diese weiblichen Gefangenen überhaupt zu den ›Kriegsgefangenen‹ zählten, wie dies aus völkerrechtlichen Gründen von deutscher Seite aus geschehen ist. An der Schwere des Einzelschicksals ändern diese Feststellungen allerdings nichts.«[35]

In der großen Dokumentation »Zur Geschichte der deutschen Kriegsgefangenen des Zweiten Weltkriegs« ist die Zahl der im sowjetischen Gewahrsam umgekommenen deutschen Soldaten z. T. mit 1,094 Millionen[36], z. T. mit 1,110 Millionen[37] angegeben. Nach Angaben der Bearbeiter hat man zwar eine größenordnungsmäßig richtige Schätzung erreicht, sich aber im Zweifel an der unteren Grenze der denkbaren Opferzahlen gehalten[38]. Schon bei den Ausgangsgrößen hat man den sowjetischen Frontberichten (mit niedrigeren Gefangenenzahlen) gegenüber den Heimkehreraussagen (mit höheren Zahlen) den Vorzug gegeben, um Überschätzungen zu vermeiden[39]. In Band VII der Gefangenengeschichte ist die Differenz der beiden Schätzungen mit 305 000 Mann angegeben; sie dürfte aber aufgrund neuerlicher Überprüfung tatsächlich nur 235 000 betragen (Mitteilung des Geschäftsführers der Wissenschaftlichen Kommission, Dr. Helmut Wolff, an den Verfasser).

Will man also nicht nur eine möglichst unangreifbare, vorsichtige Mindestschätzung, wie sie die genannte Kommission aufgrund ihres offiziösen Charakters anstreben mußte, sondern eine möglichst realistische Wahrscheinlichkeitsrechnung, so müssen diese 235 000 »verschwundenen« Gefangenen mitgezählt werden. Die Zahl von etwa 1,1 Millionen erhöht sich damit auf 1,335 Millionen; dies entspricht ungefähr der Zahl, die der Franzose Rousseau schon 1953 errechnet hat[41]. Für die höhere Zahl spricht auch der Umstand, daß die Wissenschaftliche Kommission diejenigen Soldaten nicht erfaßt hat, die sofort nach der Gefangennahme erschossen oder sonstwie getötet wurden[42]. Die Tatsache, daß Moskau den deutschen Wissenschaftlern keine Einsicht in amtliche Unterlagen der Lagerverwaltungen und andere zeitgeschichtlich bedeutsame Dokumente gewährt hat[43], läßt ebenfalls den Schluß zu, daß die westlichen Berechnungen eher zu niedrige als zu hohe Opferzahlen ausweisen. Prof. H. Diwald hält es sogar für möglich, daß in der Sowjetunion 2 Millionen deutsche Kriegsgefangene gestorben sind[44].

Wie schon erwähnt, erhielten Polen und die Tschechoslowakei knapp 100000 deutsche Kriegsgefangene als Zwangsarbeiter von der Sowjetunion; eine kleinere Zahl wurde von der US-Armee zugeliefert oder als entlassene Heimkehrer abermals verhaftet[45].

Von den 25000 Gefangenen in der CSR (später CSSR) mußten 50 Prozent im Bergbau arbeiten, u. a. im Uranbergbau von Joachimsthal im böhmischen Erzgebirge[46]. Verpflegung und Behandlung waren in den einzelnen Lagern unterschiedlich, zu Anfang aber überwiegend schlecht. Immerhin erwähnen die Rotkreuzberichte noch bis ins Jahr 1948 das Verprügeln der Häftlinge[47]. Die Arbeitskraft wurde oft bis zur Erschöpfung der Zwangsarbeiter ausgenützt. Dem Bericht eines Delegierten des Internationalen Komitees vom Roten Kreuz vom August 1946 ist zu entnehmen: »Das Problem der Freizeitgestaltung gibt es nicht, da es die Gefangenen vorziehen, nach ihrer Arbeit zu schlafen, statt sich mit anderen Dingen zu beschäftigen.«[48]

Besonders im Bergbau war die Todesrate hoch[49]. Man vermutet, daß von den 25000 Gefangenen in der CSR bis Sommer 1946 insgesamt ca. 20 Prozent verstorben sind, 1946–1948 dann weitere 2 bis 5 Prozent.

Noch schwieriger war die Schätzung der Mortalität bei den ca. 75000 Gefangenen in Polen[50]. Die Lage dort war aber nicht viel anders als in der Tschechoslowakei: schlechte Behandlung, Hunger, Überarbeitung und Einsatz etwa des halben Kontingents der Gefangenen im Bergbau[51]. Über die Todesfälle liegen nur bruchstückhafte Angaben vor, etwa über einige oberschlesische Bergwerksorte, wo die Sterblichkeit zwischen Herbst 1945 bis zur Auflösung der Lager durchschnittlich 15 Prozent betrug[52]. Im innerpolnischen Gebiet, wo es keine Deutschen gab, die den Zwangsarbeitern ab und zu Essen zusteckten, lag der Prozentsatz höher[53]. Man wird demnach auch im polnischen Bereich von ähnlichen Verlusten wie im tschechischen ausgehen können; das bedeutet, daß in diesen beiden Ländern zusammen mindestens 20000, höchstens 25000 Gefangene umkamen.

Damit ergibt sich folgende Bilanz der Gefangenenverluste bei den einzelnen Gewahrsamsmächten:

Sowjetunion	1335000
Frankreich	115000
Jugoslawien	100000
Polen und CSR (CSSR)	22000
USA	5000
	1577000

Die übrigen Länder können hier außer Betracht bleiben, da die Zahl der dortigen Sterbefälle statistisch nicht ins Gewicht fällt.

4. Verschleppung zur Zwangsarbeit

Historischer Überblick

Rund 900 000 Deutsche – ganz überwiegend aus den Vertreibungsgebieten – wurden 1945 in die Sowjetunion verschleppt. Nur eine sehr kleine Zahl kam aus der sowjetischen Besatzungszone (davon wird noch im Kapitel über die dortigen Konzentrationslager die Rede sein). Die politische Vorgeschichte der Deportationen ist in der Zeittafel des Vertreibungskapitels mit berücksichtigt.

Die große regierungsamtliche »Dokumentation der Vertreibung der Deutschen aus Ost-Mitteleuropa« beschreibt das Schicksal der verschleppten Ostdeutschen folgendermaßen[1]:
»Vom Ablauf der Ereignisse und der Entwicklung der Zustände in Ostdeutschland zu trennen ist das Schicksal derjenigen Männer und Frauen aus den Gebieten östlich der Oder und Neiße, die schon in den Tagen nach dem Einmarsch der Roten Armee aufgegriffen und nach der Sowjetunion verschleppt wurden, wo sie, oft Tausende von Kilometern von ihren in Ostdeutschland verbliebenen Angehörigen entfernt, das harte Los der Zwangsdeportierten zu erleiden hatten...
In den deutsch bewohnten Gebieten jenseits von Oder und Neiße begann die Verschleppung von Zivilpersonen vereinzelt bereits Ende Januar 1945 und wurde dann im Monat Februar systematisch in allen bis zu dieser Zeit von der Roten Armee besetzten Gebieten betrieben.
In diese Zeit, in der die Deportationen in Ostdeutschland anliefen, fiel die Konferenz von Jalta (4.–11. Februar 1945), auf der Stalin die Zustimmung der Westmächte zu erlangen vermochte, daß die UdSSR, nach dem Siege über Deutschland, als einen Teil der ihr zugesprochenen Reparationen Arbeitskräfte aus Deutschland nach Rußland schaffen könne. Diese interalliierte Abmachung kam zwar erst zustande, als die Deportationen im Südosten nahezu beendet und aus den Ostgebieten jenseits von Oder und Neiße schon viele Tausende von Deutschen nach der Sowjetunion unterwegs waren, dennoch gab sie eine Art Rechtsgrundlage, auf die sich die sowjetische Führung bei der Deportation großer deutscher Volksteile berufen konnte.

In Ostdeutschland erreichte die Verschleppung ihren Höhepunkt im Monat März 1945 und dauerte bis Ende April. Da bis zu diesem

Zeitpunkt lediglich die östlich von Oder und Neiße gelegenen Gebiete in der Hand der Roten Armee waren, blieb die Verschleppungsaktion auf die Deutschen in diesen Gebieten beschränkt und griff nicht auf die spätere sowjetische Besatzungszone über.

Die Organisation der Verschleppung lag bei den Heeresgruppen der Roten Armee. Sie begann in den jeweils eroberten Gebieten im allgemeinen bereits zwei bis drei Wochen nach der Besetzung. Jede der vier sowjetischen Heeresgruppen, die an der Eroberung Ostdeutschlands beteiligt waren, betrieb in ihrem Bereich die Verhaftung der Deutschen und ihre Einlieferung in die Durchgangs- und Sammellager selbständig. An ihren Vorgehen zeigt sich, daß die Verschleppung weniger auf einem Plan zur Deportation bestimmter Personen und Personengruppen beruhte, sondern daß es vielmehr darauf ankam, möglichst schnell eine möglichst große Zahl arbeitsfähiger Deutscher zusammenzutreiben; denn offenbar war jeder der vier sowjetischen Heeresgruppen ein gleich hohes »Verschleppungssoll« auferlegt worden. Da die Anzahl der in den einzelnen Provinzen östlich der Oder-Neiße in sowjetische Hand gefallenen Deutschen örtlich sehr verschieden war und manche Gegenden schon im Januar und Februar von russischen Truppen erfaßt wurden, andere erst, als die Deportationen zu Ende gingen, zeigte das sowjetische Vorgehen sehr verschiedene Grade der Härte.

Die Aushebung und Verhaftung der zur Verschleppung bestimmten Menschen erfolgte großenteils – vor allem in den Städten – durch Aufrufe, daß sich alle Männer bis zum 60. Lebensjahr zu melden hätten. In vielen Gegenden war die Verschleppung auch mit der Registrierung der deutschen Bevölkerung gekoppelt, die überall in den Wochen nach der Besetzung der einzelnen Orte vorgenommen wurde. Da jedoch weite Gebiete besonders auf dem Lande auf diese Weise nicht erfaßbar waren, wurden Sonderkommandos der sowjetischen Armee gebildet, die den Auftrag hatten, aus den einzelnen Gebieten eine bestimmte Anzahl arbeitsfähiger deutscher Personen zusammenzutreiben und ihre Überführung in die Sammellager durchzuführen. Oft hielten diese sich nicht damit auf, eine Gegend planmäßig durchzukämmen, sondern trieben, um ihren Auftrag möglichst schnell zu erfüllen, aus einzelnen Dörfern nahezu alle erwachsenen deutschen Personen zusammen, während andere Orte gänzlich von ihnen verschont blieben.

Da Schlesien auch nach dem Einfall der Roten Armee die volkreichste der deutschen Ostprovinzen war, fand die russische Militärverwaltung hier genügend Menschen vor, um ihr »Verschleppungssoll« zu erfüllen. Die Heeresgruppe Konjew, der Schlesien unterstellt war, stand deshalb mit rund 62000 deportierten Deutschen – überwiegend Männern – an der Spitze der vier Militärbereiche in Ostdeutschland.

Anders war die Lage in den übrigen Gebieten, ganz besonders in Ostpreußen. Dort griffen die sowjetischen Deportationskommandos zu den drastischsten Maßnahmen, um die ihnen auferlegte Zahl von Verschleppten zu erreichen. Da Männer arbeitsfähigen Alters kaum noch im Lande waren und die Bevölkerung Königsbergs nicht in Betracht kam, weil um diese Stadt während der Hauptverschleppungszeit im Februar und März noch gekämpft wurde, sind in Ostpreußen in der Mehrzahl Frauen und Mädchen von 15–20 Jahren ergriffen und in das Sammellager Insterburg eingeliefert worden. Dabei kam es vor, daß zahlreiche Mütter von ihren kleinen Kindern getrennt und auch alte Leute verschleppt wurden. Dennoch blieb die Zahl der aus dem Armeebereich Ostpreußen (Tschernjakowskij) Verschleppten weit unter denen aus den anderen sowjetischen Heeresgruppenbereichen . . .

Die Vorgänge im Zusammenhang mit der Deportation brachten über die Betroffenen schlimme Leiden. Schon die oft tagelangen Märsche nach den Sammellagern und die dabei erduldeten Drangsalierungen durch die russischen, teils auch polnischen Begleitmannschaften forderten zahlreiche Opfer unter den für die Verschleppung vorgesehenen Deutschen. Als eine besondere Plage erwiesen sich ferner die fortgesetzten Verhöre, die die Verhafteten auf den Zwischenstationen und in den Sammellagern über sich ergehen lassen mußten. Aus ihnen läßt sich schließen, daß die Sowjets offenbar bemüht waren, den Deportationen eine formal-rechtliche Grundlage zu geben. Konnte man den Verschleppten keine Zugehörigkeit zu nationalsozialistischen Organisationen nachweisen, so wurde versucht, irgendwelche anderen belastenden Geständnisse aus ihnen herauszupressen, die als Grund für die Verschleppung gelten konnten.

Besonders in den Gefängnissen von Insterburg und Graudenz wurden bei diesen Verhören Gewalttaten schlimmster Art begangen. Infolge schwerer Drangsalierungen, unzureichender Verpflegung und durch Krankheiten starben bereits in den Sammellagern viele Hunderte der Verschleppten. Andere befanden sich in einem Gesundheitszustand, der selbst den sowjetischen Kommandanten einen Bahntransport nach Rußland nicht geraten erscheinen ließ. Dies galt vor allem für die vielen alten Leute, die von den Deportationskommandos in die

Verschleppungslager eingeliefert worden waren. Viele dieser Alten und Arbeitsuntauglichen wurden, sofern sie nicht infolge der Anstrengungen und Entbehrungen in den Lagern starben, nach Monaten wieder entlassen.

Als Ende April keine weiteren Deportationen nach Rußland mehr erfolgten, wurden die hierfür errichteten Sammellager teils aufgelöst, teils auch den Polen übergeben. Besonders die Lager Graudenz, Posen und Sikawa spielten später unter polnischer Verwaltung als Internierungs- und Zwangsarbeitslager eine verhängnisvolle Rolle.

Die zweite verlustreiche Etappe der Deportation stellt der Transport nach Rußland dar. In regelmäßigen Abständen wurden von den Hauptverladestationen aus Transportzüge zusammengestellt, die durchschnittlich je 2000 Verschleppte aufnahmen. Die Fahrt zu den Arbeitslagern in Rußland dauerte im allgemeinen 3–6 Wochen. Während dieser Zeit wurden die Verschleppten nur völlig ungenügend mit Nahrungsmitteln und Wasser versorgt, und da die ersten Transporte noch im Februar abgingen, wirkte sich auch die Kälte unter den vielen oft unzureichend bekleideten Menschen verheerend aus. Die Sterblichkeit auf der Fahrt nach Rußland war deshalb allgemein sehr hoch, mitunter betrug sie 10 Prozent der Deportierten.

Von den Strapazen des wochenlangen Transportes waren die Deportierten so geschwächt, daß ihnen im allgemeinen nach der Ankunft einige Wochen der Ruhe gewährt werden mußten, sollten sie wieder arbeitsfähig werden. Mit der Ankunft in den russischen Arbeitslagern hörten im großen ganzen die Quälereien durch die Wachmannschaften auf, von denen die Verschleppten auf dem Weg in die Sammellager in Ostdeutschland und bis zur Abfahrt heimgesucht worden waren. Auch Vergewaltigungen von Frauen scheinen kaum noch vorgekommen zu sein.

Statt dessen begannen besonders im Frühjahr 1945 das Übermaß der zu leistenden Arbeit und die unzureichende Verpflegung in den Lagern katastrophale Folgen hervorzurufen. Allein die Art der zu leistenden Arbeit bedeutete eine Überforderung der Deportierten. Denn in der Regel waren es die körperlich schwersten Arbeiten, die sie zu verrichten hatten. In den Waldgebieten Nordrußlands und des Kaukasus mußten Bäume gefällt und zersägt, daneben auch schwere Erd- und Torfarbeiten geleistet werden. In den Industrierevieren im Ural und am Donez und Don haben Frauen und Männer aus Ostdeutschland in langen Schichten unter Tage Kohle und Erz fördern müssen, und zahlreiche verschleppte Deutsche wurden hier auch zu schweren Verlade- und Transportarbeiten herangezogen und in Fabriken, Steinbrüchen und Ziegeleien oder beim Straßen- und Schienenbau eingesetzt. Je nach Jahresfrist wechselten die Arbeiten. Im Sommer und Herbst nahm die Kolchoswirtschaft einen großen Teil Deportierter in Anspruch; im Winter bestand die Zwangsarbeit oft darin, die Schienen- und Straßenwege von den Schneemassen freizuhalten. – Verstärkt wurden die arbeitsmäßige Überbeanspruchung und bewußte Ausnutzung durch Arbeitszeiten von oft 12 und mehr Arbeitsstunden täglich. In diesem Zusammenhang kam vor allem dem sowjetischen Leistungs- und Normprinzip eine verhängnisvolle Bedeutung zu. Je nach Gesundheitszustand und körperlicher Verfassung in Arbeitsgruppen mit verschieden hoher Norm eingestuft, haben die Deportierten oft versucht, durch Übererfüllung der Leistungsnorm sich zusätzliche Verpflegung zu erarbeiten, da der kärgliche Normalsatz oft völlig unzureichend war. Solche regelmäßigen Übersoll-Leistungen bedeuteten aber nicht nur eine fortgesetzte Ausbeutung der Arbeitskraft, sondern führten oft auch dazu, daß die Normen erhöht wurden. Im Gegensatz zu den russischen Arbeitern, die mit solchen Gepflogenheiten der ›Leistungssteigerung‹ schon vertraut waren und sich davon kaum noch antreiben ließen, sind viele Deutsche diesem ausgeklügelten System zum Opfer gefallen. Da die Verhältnisse in den Lagern außerdem meist völlig unhygienisch waren, nahmen – trotz anerkennenswerter, aber wegen des Mangels an Medikamenten meist fruchtloser Bemühungen russischer Ärzte und Ärztinnen – Krankheiten und Sterbefälle im Jahre 1945 immer stärker zu. Weitaus die meisten Verluste, die unter den deportierten Deutschen entstanden, fielen in die Zeit vom Frühjahr bis zum Herbst 1945, als in manchen Lagern mehr als die Hälfte der Belegschaft zugrunde ging.

Für diejenigen, die diese Zeit überstanden, begann sich die Lage in der folgenden Zeit etwas zu bessern. Zwar ließ das Übermaß der Arbeit in Kohlengruben, in der Landwirtschaft, beim Holzfällen oder bei der Aufräumung von Städten nicht nach, aber allmählich wurden die Verpflegungssätze erhöht, so daß der Gesundheitszustand der Verschleppten sich besserte. Unterschlagungen von Lebensmitteln durch die Lagerleitung sowie Bestechungen und Übervorteilungen durch die Wachmannschaften, bei denen in manchen Lagern auch Polen mitwirkten, haben jedoch dazu geführt, daß auch später noch teilweise recht schlimme Verhältnisse herrschten. Da die Lager für Zivilpersonen in Rußland ganz allgemein als Straf- oder Besserungslager galten, waren ihre Insassen im Grundsatz wesentlich schlechter gestellt als die deutschen Kriegsgefangenen. In den Jahren 1947–1948 wurden in manchen Lagern die strengen Bestimmungen gelockert und den Verschleppten eine größere Bewegungsfreiheit gewährt. Teilweise gab es zu dieser Zeit auch eine geringfügige Entlohnung für die geleistete Arbeit, so daß die Verschleppten sich Lebensmittel oder Kleidung kaufen konnten. Soweit sich ein Kontakt mit der russischen Zivilbevölkerung ergab, zeigte diese keine Feindschaft gegenüber den Deutschen.

Schon im Sommer und Herbst 1945 waren, zum Teil verursacht durch die enorm hohe Sterblichkeit, die ersten Lagerauflösungen und Rücktransporte erfolgt. Damals wurden vor allem zahlreiche Kranke und Nichtarbeitsfähige nach Deutschland entlassen; auch von ihnen starben noch manche unterwegs, obwohl die Verpflegung auf der Rückfahrt im allgemeinen wesentlich besser war als auf der Hinfahrt.

Nach der ersten großen Entlassungswelle von 1945 zogen sich die Lagerauflösungen und Rücktransporte nach Deutschland in großen Abständen und Unterbrechungen durch die Jahre 1946, 1947 und 1948 hin. Die letzten größeren Rücktransporte fanden im Jahre 1949 statt, nachdem die Verschleppten vierjährige Zwangsarbeit geleistet hatten. Seitdem sind nur noch vereinzelt verschleppte ostdeutsche Zivilpersonen zurückgekehrt. Obwohl bekannt ist, daß noch manche von ihnen in der UdSSR leben, muß zweifellos damit gerechnet werden, daß der überwiegende Teil der Nichtzurückgekehrten in Rußland verstorben ist.«

Statistische Fragen

Wie bereits erwähnt, wurden rund 900 000 Deutsche in die UdSSR verschleppt. Die größten Gruppen bildeten die »Reparationsverschleppten« und die »Repatriierten«: 500 000 Deutsche aus Ostdeutschland und Osteuropa nannte man Reparationsverschleppte, weil Moskau ihre Zwangsarbeit als Form der Reparationen ansah. 300 000 Deutsche stammten aus dem erweiterten Gebiet der Sowjetunion und wurden nach dem Krieg gegen ihren Willen »repatriiert«.

Von der ersten Gruppe kamen 215 000 aus Ostdeutschland (Grenzen 1937)[2], von der letzteren 270 000 aus Rußland (Grenzen 1938). Von den Zwangsrepatriierten starben im Osten 37 Prozent[3], von den Reparationsverschleppten sogar 45 Prozent[4]. – Daneben wurden auch noch andere Personenkreise von Verschleppungen betroffen; sie erlitten aber keine vergleichbar hohen Verluste.

Eine Deportation eigener Art spielte sich 1951 in Rumänien ab. Annähernd 40000 Rumäniendeutsche wurden aus dem fruchtbaren Banat im Westen des Landes in die ostrumänische Baragan-Steppe verschleppt »unter Bedingungen, die den Gesetzen der Menschlichkeit und der Menschenwürde Hohn sprechen«, wie der Bundestag in seinem Protest vom 17. Oktober 1951 feststellte[5]. Die Aktion, die aus kommunistischen Landwirtschafts- und Kollektivierungsplänen resultierte, erfaßte auch Angehörige anderer Minderheiten wie Serben, Bulgaren, Ungarn und z. T. rumänische Großbauern (»Kulaken«).

Statistisch sind die Menschenopfer der verschleppten Deutschen schon oben bei den Vertreibungsopfern erfaßt worden. Nur aufgrund des tragischen Sonderschicksals dieser modernen Sklaven erschien ein eigenes Kapitel zum Thema Verschleppung gerechtfertigt.

Als Fußnote bleibt anzumerken, daß in den Nürnberger Kriegsverbrecher-Prozessen Deportation und Zwangsarbeit (ebenso wie Vertreibungen) als Kriegsverbrechen bzw. Verbrechen gegen die Menschlichkeit verfolgt wurden. Bormann, Hans Frank, Göring, Rosenberg, Sauckel und Seyss-Inquart wurden u. a. wegen dieses Delikts zum Tode durch den Strang verurteilt.

5. Einmarsch der Roten Armee
in Mitteldeutschland und Österreich

In einigen Orten Südwestdeutschlands kam es bei und nach dem Einmarsch französischer Truppenteile im April und Mai 1945 zu Vergewaltigungen, Brandstiftungen, willkürlichen Erschießungen und dergl. Im württembergischen Freudenstadt z. B. errichtete das französische Militär ein wahres Schreckensregiment, nachdem es den unverteidigten Kurort fast vollständig zerstört hatte. Die ersten Tage der französischen Besatzungszeit in Freudenstadt erinnerten an die berüchtigten Exzesse französisch-marokkanischer Truppen im Monte-Cassino-Gebiet[1] und sind mit dem Einmarsch der Roten Armee in Ostdeutschland verglichen worden[2]. Insgesamt aber hielten sich die Menschenverluste im Südwesten in einer statistisch kaum relevanten Größenordnung.

Gleiches gilt für einige irreguläre Massenhinrichtungen durch die Amerikaner wie z. B. in Landsberg (25 katholische Bischöfe haben dagegen protestiert[3]) oder Dachau (wo das KZ-Personal auf der Stelle erschossen wurde[4]).

Mitteldeutschland

Das Zusammentreffen der Mitteldeutschen mit der Roten Armee verlief von Ort zu Ort sehr verschieden. Während z. B. aus dem Raum Dresden nur einzelne Übergriffe gemeldet wurden (die Russen erschienen dort erst am letzten Kriegstag), kam es in Berlin und einigen Orten in Brandenburg und Mecklenburg zu Massenverbrechen. Unter dem Schock dieser Exzesse suchten auch Tausende Mitteldeutsche ihr Heil in der Flucht[5] und Tausende – vor allem vergewaltigte Frauen – begingen Selbstmord; in der mecklenburgischen Stadt Neubrandenburg z. B., die besonders unter dem roten Terror zu leiden hatte, sollen von 18000 zurückgebliebenen Einwohnern sogar 2000 Selbstmord begangen haben[6].

Am 14. April 1945, also zwei Tage bevor die sowjetische Offensive über Oder und Neiße begann, war zwar auf Anordnung Stalins in der »Prawda« der vielzitierte Grundsatzartikel des Chefideologen des sowjetischen Zentralkomitees, F. G. Alexandrow, »Der Genosse

53

Ehrenburg vereinfacht zu sehr« erschienen; er zog einen Schlußstrich unter die antigermanisch-rassistisch gefärbte Haßpropaganda der vorangegangenen Jahre. Spürbare Wirkungen zeigte diese Wende aber erst nach der deutschen Kapitulation[7], und etwa im August 1945 hörten die Übergriffe praktisch ganz auf[8].

Sowjetmarschall S. Schukow, der noch zu Beginn des Jahres 1945 die Truppe in einer Proklamation aufgehetzt hatte (»Wir werden uns grausam rächen... Wehe dem Lande der Mörder!«[9]), mußte nach Kriegsende aus Moskau eine Elitedivision anfordern, um die Ausschreitungen seiner eigenen Soldatska in Berlin abzustellen. In diesem Zusammenhang mag das Urteil des US-Generals Frank A. Keating über die Sowjets in Berlin interessieren: »In vielen Fällen war ihr hemmungsloses Treiben dem der barbarischen Horden des Dschingis-Khan verwandt.«[10]

In der Literatur findet sich eine Vielzahl von Berichten über sowjetische Verbrechen in Mitteldeutschland[11], doch fehlt es bisher an einer umfassenden Bevölkerungsstatistik, wie sie das Statistische Bundesamt mit seinem Band »Die deutschen Vertreibungsverluste« für die Vertreibungsgebiete vorgelegt hat.

Potentielles Opfer von Verbrechen war die seinerzeitige Bevölkerung der sowjetischen Besatzungszone, wobei anwesende Ostdeutsche hier abzuziehen sind; bei letzteren sind die Menschenverluste schon im Kapitel »Vertreibung« erfaßt. Ebenfalls abzuziehen ist die Bevölkerung Thüringens, Sachsen-Anhalts und einiger kleinerer Teilgebiete im Westen der Zone, die erst nach Kriegsende von der anglo-amerikanischen unter russische Verwaltung kamen. Hinzuzuzählen sind die Westberliner, die den umgekehrten Weg gingen.

Die Einzelheiten der erforderlichen Rechenschritte[9] können hier nicht wiedergegeben werden. Unterm Strich verbleiben jedenfalls letztlich knapp 12 Millionen Mitteldeutsche, die sich am Tag des Waffenstillstands zwischen Oder-Neiße im Osten und der anglo-amerikanisch/sowjetischen Demarkationslinie im Westen aufhielten.

Die mitteldeutschen Bevölkerungsverluste sind nunmehr zu schätzen, wobei die Materialien über das Verhalten der Roten Armee östlich von Oder und Neiße gewisse vorsichtige Rückschlüsse auf Mitteldeutschland zulassen. Die »Dokumentation der Vertreibung der Deutschen aus Ost-Mitteleuropa« teilt mit, daß von der zurückgebliebenen Bevölkerung östlich von Oder und Neiße im Durchschnitt 2–3 Prozent unmittelbar beim Einmarsch der Roten Armee und in den

Blutspur seit dem Ersten Weltkrieg

Von Gavrilo Princip, der im August 1914 den Reform-Thronfolger Franz Ferdinand ermordete und mit seinem Attentat den Ersten Weltkrieg auslöste, zieht sich die Blut- und Mörderspur hin bis in unsere Tage. Der Westen schwieg zu den Greueltaten, die während des Zweiten Weltkrieges und nach der deutschen Kapitulation in Jugoslawien vollzogen wurden. Er folgte nicht dem Beispiel Polens in der Aufklärung der Massenmorde von Katyn. Wer sprach und spricht von den Massakern im Kalemegdan bei Belgrad, denen über 20000 deutsche Kriegsgefangene zum Opfer fielen? Wer denkt an die Vernichtung des deutschen Dorfes Franztal bei Semlin und die Ermordung seiner 3500 deutschen Bewohner?

Mit Schweigen wird das grauenvolle Schicksal der deutschen Kriegsgefangenen auf der Insel Rab übergangen. Heute dienen Grünanlagen, die über den Massen-

gräbern neben Luxushotels errichtet wurden, westlichen Touristen als Spaziermöglichkeit. Dem polnischen Schriftsteller Jósef Mackiwiec gebührt das Verdienst, mit seinem Buch „Tragödie an der Drau" einen Teil des Völkermordes 1945/46 dargestellt zu haben.

Nicht unerwähnt bleiben sollen die ungezählten slowenischen und kroatischen Frauen, die den von den Hungermärschen total erschöpften deutschen Kriegsgefangenen hilfreich zur Seite standen. Die serbischen Kommissare hatten strikt verboten, Gefangenen Wasser, Brot oder sonstige Lebensmittel zu reichen (mit dem Lebensmittelentzug sollte eine Dezimierung der Zahl der Gefangenen erreicht werden). Die tapferen Frauen gingen mit ihrer Hilfe ein großes Risiko ein; sie erwiesen sich vielen Deutschen gegenüber als Lebensretter.

Richard Hackenberg, Frankfurt am Main

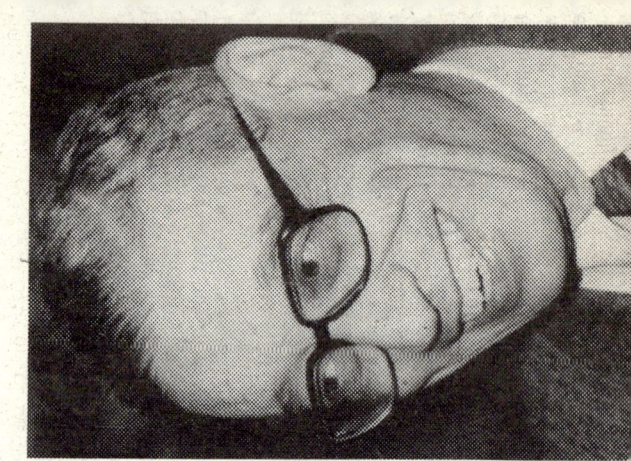

erthold Kohler

beiden Teilrepubliken verlangt werden können soll. Eine solche Volksbefragung (von der man gemeinhin ein deutliches Votum für den Erhalt der Föderation erwartet) könne auch noch drei Monate vor den Wahlen im Juni angesetzt werden, so das Parlament dies wolle, meint der Sprecher des Präsidenten, Zantovsky. Überhaupt gibt sich die Burg zuversichtlich, daß das Referendum die parlamentarischen Hürden nehmen wird – an den Fall des Scheiterns wagt man gar nicht erst zu denken. Die Zuversicht gründet sich zum einen auf Zweckoptimismus und zum anderen auf das Kalkül, den Slowaken nun doch weit genug entgegengekommen zu sein.

Mit Havels „Paket", das auch die Errichtung eines starken „Föderalrates" und die ersten Wochen danach ermordet wurden[13]. Neuere Untersuchungen kommen allerdings übereinstimmend zu dem Ergebnis, daß diese 1954 veröffentlichten Werte zu vorsichtig geschätzt wurden, und daß der Anteil der Morde der Roten Armee an den Vertreibungsverlusten in Wirklichkeit höher lag[14].

Das umfangreiche Standardwerk des Statistischen Bundesamtes »Die deutschen Vertreibungsverluste« ermittelte 1958 z. B. für Ostbrandenburg einige aufschlußreiche demographische Daten[15]. Bevölkerungsstand 1944: 614000; noch anwesend beim Einmarsch der Roten Armee: ca. 400000; von den Zurückgebliebenen umgekommen: ca. 190000, also über 47 Prozent. Die hohe Sterblichkeit hängt zwar nicht nur mit den sowjetischen Gewaltverbrechen zusammen, sondern auch mit den späteren polnischen sowie mit Vertreibung und Verschleppung, doch erscheint es kaum vorstellbar, daß von dem Bevölkerungsverlust von 47 Prozent nur 2–3 Prozent auf das Konto der sowjetischen Soldateska geht, zumal allgemein angenommen wird, daß Totschlagsfälle bei der polnischen Miliz (außerhalb der Lager) seltener vorkamen als bei der Roten Armee[16].

Zu ähnlichen Schlüssen kamen auch die Gesamterhebung des Kirchlichen Suchdienstes in München 1965 und die Dokumentation des Statistischen Bundesamtes über die Vertreibungsverbrechen 1974. Letztere vermerkt zu den vorausgegangenen Schätzungen der Mordfälle in den ostdeutschen Provinzen kritisch:

»Bei der 1954–1964 durchgeführten ›Gesamterhebung zur Klärung des Schicksals der deutschen Bevölkerung in den Vertreibungsgebieten‹ wurden in den Gebieten östlich von Oder und Neiße von den o. a. Personenkreisen« (unmittelbare Opfer von Vertreibungsverbrechen) »namentlich erfaßt:

44603 gewaltsam Getötete – 32907 in der Verschleppung Umgekommene – 27847 in Lagern Verstorbene.

...Auch nach den Ergebnissen der Gesamterhebung steht die Personengruppe, die einen gewaltsamen Tod erlitten hat, zahlenmäßig an erster Stelle. Bei Übertragung der Ergebnisse der Gesamterhebung auf obige Schätzungen wäre hiernach die geschätzte Anzahl... als eine Mindestzahl zu betrachten.«[17]

Eine wirklichkeitsnahe Schätzung der Opfer des Einmarsches der Roten Armee in den Oder-Neiße-Gebieten wird daher nach heutigem Erkenntnisstand nicht mehr von 2–3 Prozent der zurückgebliebenen Bevölkerung, sondern vom Doppelten oder gar Dreifachen ausgehen müssen.

Zurück zu Mitteldeutschland. Selbst wenn man in Rechnung stellt, daß die Haßpropaganda kurz vor der Überschreitung von Oder und Neiße abgestellt wurde und sich bei der Mordlust der Rotarmisten vielleicht ein gewisser Sättigungseffekt eingestellt haben könnte, bleibt doch die Untergrenze der (als zu vorsichtig erkannten) Schätzung von 2–3 Prozent Bevölkerungsverlusten durch den Terror der Roten Armee auch für Mitteldeutschland ein hinreichender Anhaltspunkt; denn es ist nicht anzunehmen, daß der Einmarsch in Westbrandenburg und Westpommern so total anders verlaufen sein sollte als in Ostpommern und Ostbrandenburg. 2 Prozent aus 12 Millionen Einwohnern des sowjetischen Besatzungsgebiets bedeutet eine Opferzahl von 240 000 Menschen, die angesichts der vielen erschreckenden Erlebnisberichte durchaus realistisch erscheint.

Österreich

Ab Anfang April 1945 gelang es den Sowjets, mit Wien, Niederösterreich und dem Großteil der Steiermark die drei volkreichsten Länder Österreichs zu besetzen. Zusammen mit dem kleinen Burgenland (seinerzeit etwas über 300 000 Einwohner) dürften es mehr als 4,5 Millionen Menschen gewesen sein, die den Einmarsch der Roten Armee in Österreich erlebt haben. Sie bekamen die Folgen der z. T. antigermanisch-rassistischen Sowjetpropaganda ebenso zu spüren wie die Bewohner der anderen Teile des Großdeutschen Reiches. Auch heute noch ist Österreich nach unausgesprochener Moskauer Auffassung der dritte deutsche Staat neben Mittel- und Westdeutschland[18]; es wäre unzulässig, die österreichischen Verluste hier auszuklammern.

Einen gewissen, wenn auch nicht allzu großen Einfluß auf das Verhalten der Roten Armee hatte die Moskauer Deklaration der Alliierten vom 1. November 1943, wonach Österreich in seinen Grenzen vor dem März 1938 wieder herzustellen war. Zu erwähnen sind auch die Aufrufe der Sowjetmarschälle Tolbuchin und Malinovskij, in denen gegenüber Österreich etwas freundlichere Töne angeschlagen wurden[19]: »Die Rote Armee kommt nicht als Eroberungsarmee nach Österreich, sondern als Befreiungsarmee.« Auch in der russischen Presse standen kleine Geschichten über Sowjetsoldaten, die zu den Gräbern von Johann Strauß und Beethoven pilgern und dort Kränze niederlegen[20].

In der Praxis dürfte die feine Unterscheidung zwischen den eroberten und den befreiten Deutschen den durchschnittlichen Sowjetsoldaten überfordert haben[21]. Es war in der Tat schwer zu verstehen, warum man z. B. im westlichen Ungarn ungestraft eine volksdeutsche Frau vergewaltigen und ihren alten Vater erschießen durfte, das gleiche aber im Burgenland, nur wenige Kilometer entfernt, nun plötzlich ein Verbrechen sein sollte. Die Begleiterscheinungen des sowjetischen Einmarsches waren zwar regional sehr verschieden, doch kam es auch in Österreich in einigen Gegenden zu Massenverbrechen. Aus dem niederösterreichischen Weinviertel (nordöstlich von Wien) wird berichtet:

»Die vergleichsweise geringen zivilen Opfer der Kampfhandlungen wurden allerdings dadurch aufgewogen, daß die sowjetischen Soldaten im Weinviertel hausten wie wohl sonst nirgendwo in Österreich. Hier schloß sich dann der Kreis für jene, die sich zunächst geweigert hatten, den Berichten über sowjetische Übergriffe zu glauben, ihren Wein horteten und für die doch vielfach auch als Befreier gesehenen Sowjets Geselchtes und Gebackenes vorbereitet hatten. Sie wurden grimmig enttäuscht. Die Folge davon war, daß dort, wo es den deutschen Truppen wie z. B. der 357. Infanterie-Division bei Altlichtenwarth gelang, einen Gegenangriff zu führen, die vom Verhalten der Sowjets zutiefst geschockte Bevölkerung in hellen Scharen floh. In Altlichtenwarth – um bei diesem Beispiel zu bleiben – erlebten rund 1300 Menschen den ersten Einmarsch der Sowjets am 18. April. Als der Ort von den deutschen Soldaten am 20. April abermals aufgegeben werden mußte, verließen bis auf 50 alte Männer alle Zivilpersonen den Ort und kehrten meist erst nach Wochen, also nach Kriegsende, zurück.«[22]

Als Folge der Ausschreitungen häuften sich die Selbstmorde[23].

Insgesamt dürfte der Einmarsch der Sowjets ca. 60 000 Menschen das Leben gekostet haben. Diese Zahl ergibt sich aus dem »Sterbeüberschuß« des Jahres 1945[24] nach Abzug der Opfer des Luftkriegs und der Erdkämpfe des gleichen Jahres[25]. Sie entspricht etwa 1,33 Prozent der vom sowjetischen Einmarsch betroffenen Bevölkerung. Sie liegt zwar unter der Vergleichsgröße für die sowjetische Besatzungszone in Mitteldeutschland und wesentlich unter dem ostdeutschen Durchschnitt, scheint jedoch den besonderen österreichischen Gegebenheiten am ehesten gerecht zu werden.

6. Konzentrationslager
in der sowjetischen Besatzungszone

Im März 1985 erinnerte der thüringische Landesbischof Werner Leich aus Anlaß der 40jährigen Wiederkehr des Kriegsendes vor der Synode der Lutheraner in Eisenach an die vergessenen Leiden der Menschen im Konzentrationslager Buchenwald in den Jahren 1945–1950[1]. Dieses und andere sowjetische Lager auf deutschem Boden sind auch im Westen so wenig bekannt, daß es zweckmäßig erschien, diesem Kapitel ebenfalls einen kurzen chronologischen Überblick voranzustellen.

Zeittafel[2]

1945

28. April	Generaloberst Besarin erläßt als Kommandant von Berlin den Befehl Nr. 1, nach dem alle Angehörigen der NSDAP, Gestapo, Gendarmerie und aller übrigen staatlichen Stellen zur Registrierung bei den militärischen Bezirks- und Revierkommandanten zu melden haben. Es erfolgen zahllose Verhaftungen.
Mai–Juli	Massenverhaftungen in der ganzen sowjetischen Besatzungszone (SBZ). Die Konzentrationslager Weesow bei Werneuchen, Ketschendorf und Berlin-Hohenschönhausen werden in Betrieb genommen.
9. Juni	In Berlin wird die sowjetische Militärverwaltung unter Marschall G. K. Schukow eingerichtet. Sie wird später in »Sowjetische Militäradministration in Deutschland (SMAD)« umbenannt.
13. Juni	In Bautzen, Landsberg (Warthe) und Neubrandenburg (Mecklenburg) werden Konzentrationslager eingerichtet.
10. August	Das KZ Sachsenhausen durch ein Vorkommando aus dem KZ Weesow in Betrieb genommen.

12. August	Das KZ Buchenwald wird in Betrieb genommen.
16. August	KZ Weesow aufgelöst.
27. August	Die SMAD erläßt den Befehl Nr. 42, nach dem sich alle ehemaligen Offiziere der Wehrmacht und Angehörigen der SA, SS, Gestapo und NSDAP bis zum 25. September 1945 bei den Militärkommandanturen melden müssen. Die meisten der sich Meldenden werden verhaftet.
September	In Mühlberg/Elbe und Jamlitz bei Lieberose werden Konzentrationslager eingerichtet.

1946

5. Januar	KZ Landsberg aufgelöst, die Häftlinge kommen in das KZ Buchenwald.
Oktober	KZ Berlin-Hohenschönhausen aufgelöst. Die Häftlinge kommen in das KZ Sachsenhausen.
12. Oktober	Der Kontrollrat erläßt die Direktive Nr. 38 (KD 38) über »Verhaftung und Bestrafung von Kriegsverbrechern, Nationalsozialisten und Militaristen und Internierung, Kontrolle und Überwachung von möglicherweise gefährlichen Deutschen«. Die Direktive wurde zur Grundlage willkürlicher Verhaftungen in der SBZ, bis sie 1955 aufgehoben wurde. Neben dem Artikel 6 der Verfassung der »DDR« war sie das Gesetz, nach dem alle politischen Prozesse in der SBZ geführt wurden.
21. Oktober	Verschleppung von Facharbeitern führender Unternehmer der SBZ mitsamt den Betriebseinrichtungen in die Sowjetunion (SU); z. B. Zeiss, Jena; Schott & Gen., Jena; AEG, Berlin; Siebel, Halle.
23. Oktober	Verschiedene Berliner Gewerkschaftsvertretungen wenden sich gegen diese Verschleppungen.

1947

17. Februar	KZ Ketschendorf aufgelöst.
24. März	KZ Torgau aufgelöst.
April	KZ Jamlitz aufgelöst.
14. Juni	Die Berliner Stadtverordnetenversammlung bittet die Kommandantur und den Kontrollrat, die Na-

	men der sich im Gewahrsam der Besatzungsmächte befindlichen Deutschen bekanntzugeben.
16. August	Der SMAD-Befehl 201 erklärt nominelle ehemalige Mitglieder der NSDAP für politisch gleichberechtigt. Die restliche Entnazifizierung wird den deutschen Verwaltungen des Innern und der Justiz übertragen. Auf Grund dieses Befehls werden bei den Landgerichten der SBZ »Strafkammern 201« gebildet, die in die politische »Rechtsprechung« eingreifen (s. auch »Waldheimer Kriegsverbrecherprozesse«).
29. Oktober	Die katholischen Bischöfe Deutschland ersuchen den Alliierten Kontrollrat, eine Untersuchung über das Verschwinden und die Internierung Tausender von Männern, Frauen, Kindern und früheren Kriegsgefangenen in der SBZ einzuleiten. Sie wiesen darauf hin, daß die aus westlichen Kriegsgefangenenlagern freigelassenen Männer in ihren Heimatgemeinden in der SBZ verhaftet worden seien.
13. November	Die Berliner Stadtverordnetenversammlung fordert – gegen die Stimmen der Sozialistischen Einheitspartei Deutschlands (SED) – von der Alliierten Kommandantur erneut die Bekanntgabe von verhafteten Personen. Sie spricht dem Polizeipräsidenten Markgraf SED das Mißtrauen aus, weil er nichts für die Bekanntgabe der Namen tut.

1948

7. April	Pieck und Grotewohl geben eine Erklärung des Marschalls Sokolowski bekannt, nach der in der Behandlung der durch die SMAD verhafteten Personen eine Änderung bevorstehe. Verhaftete bekämen Gelegenheit, mit ihren Angehörigen in Verbindung zu treten.
Juli	Beginn der Entlassungen aus sowjetischen KZ auf deutschem Boden.
September	Die Konzentrationslager Neubrandenburg und Mühlberg werden aufgelöst. Die Häftlinge kommen in das KZ Buchenwald.

1949

1. Mai	Der katholische Bischof von Berlin, Kardinal Graf Preysing, wendet sich in einer Predigt gegen die Konzentrationslager in der SBZ.
16. Juni	Das Zuchthaus Brandenburg wird von der sowjetischen Besatzungsmacht der Justiz übergeben.
7. November	Der Ratsvorsitzende der Evangelischen Kirche in Deutschland, Bischof Dibelius, protestiert in einem Schreiben an General Tschujkow gegen Internierungspraktiken der sowjetischen Besatzungsmacht.
11. November	Die provisorische Volkskammer beschließt ein »Gesetz über den Erlaß von Sühnemaßnahmen und die Gewährung staatsbürgerlicher Rechte für ehemalige Mitglieder und Anhänger der Nazipartei und Offiziere der faschistischen Wehrmacht«. Ausgenommen sind Personen, die zu Freiheitsstrafen von mehr als einem Jahr verurteilt wurden.

1950

12. Januar	Kardinal Graf Preysing spricht sich erneut gegen die Konzentrationslager in der SBZ aus.
9. Februar	Die Sowjets übergeben 2154 Internierte des KZ Buchenwald zur Aburteilung an die Volkspolizei (VP) in Waldheim. KZ Buchenwald aufgelöst.
12. Februar	Verlegung von 1200 weiblichen Häftlingen aus dem KZ Sachsenhausen in die nunmehrige Strafvollzugsanstalt (StVA) Hoheneck.
10. März	KZ Sachsenhausen aufgelöst.
21. April	Beginn der Waldheimer »Kriegsverbrecherprozesse«.
5. Mai	Die Sowjetunion gibt die Entlassung von 17538 Kriegsgefangenen bekannt. In der SU verbleiben nach dieser Bekanntgabe 13532 »Kriegsverbrecher«.

Über das Verfahren bei den Verhaftungen gibt Gerhard Finn – als junger Mann selbst Insasse von Buchenwald – folgenden Bericht[3]: »Gleich nach der Besetzung deutschen Gebiets durch die sowjetischen Truppen begannen die Verhaftungen und Verschleppungen durch die sowjetische Geheimpolizei. Die grünbemützten Soldaten und Offiziere des MWD (sowjetische Geheimpolizei[4]) wurden zum Schrecken der deutschen Zivilbevölkerung.

Die Verhaftungen ließen kein Schema erkennen, wenn man davon absieht, daß alles verhaftet wurde, was den Sowjets gefährlich aussah oder hätte in Zukunft eventuell gefährlich sein können. Der Denunziation war Tür und Tor geöffnet. Keine Anzeige war dumm genug, um nicht sofort eine Verhaftung des Angezeigten zu erwirken. Es gab Fälle, in denen z. B. in einer Stadt ein Otto Schmidt denunziert wurde, der angeblich Kriegsverbrechen begangen haben sollte. So wurden nach einem alten Adreßbuch alle Otto Schmidts dieser Stadt verhaftet, um in wochenlangen, zermürbenden Verhören den Schuldigen herauszufinden. Manchmal gab es keinen Schuldigen oder der Gesuchte hatte lediglich während des Krieges bei einer Auseinandersetzung auf der Arbeitsstelle einen sogenannten Ostarbeiter geschlagen. Dies genügte für seine Verurteilung. Das bedeutete in solch einem Fall in der ersten Zeit das Todesurteil. Die anderen Schmidts – um bei diesem Beispiel zu bleiben – waren aber noch lange nicht frei. Unter dem physischen Druck der Verhöre hatten sie entweder irgendein ›Verbrechen‹ oder die Mitgliedschaft bei irgendeiner NS-Organisation zugegeben. Auch dies genügte, um sie weiter in Haft zu behalten. Waren dem MWD irgendwelche Mitgliederlisten einer Institution, Organisation oder Körperschaft in die Hände gefallen, wurden sämtliche greifbaren Mitglieder verhaftet. Aus diesen und ähnlichen Fällen setzten sich hauptsächlich die Gefangenentrupps zusammen, die in die Sammelstellen des MWD eingeliefert wurden. Von den Sammelstellen ging es unter schwerer Bewachung zu Fuß oder mit der Eisenbahn in die neuerrichteten Konzentrationslager. Ein Teil mußte lediglich zwischendurch noch eine minutenlange Verurteilung über sich ergehen lassen und wurde dann in ein KZ oder direkt in die UdSSR verfrachtet. Östlich der Oder-Neiße machte sich das MWD die Sache noch einfacher. Hier genügte es schon, Deutscher zu sein. Man hatte den Eindruck, daß sich die Verhaftungszahlen nach dem zur Verfügung stehenden Transportraum in die UdSSR richtete«.

Ein Standardwerk zum Thema[5] bestätigt diese Aussage nachdrücklich: »Indes erschöpfte sich im sowjetischen Besatzungsgebiet eben der Zweck der Internierung nicht in einer so verstandenen Entnazifizierung. Weit drüber hinausgehend sollte er sich auch auf die Isolierung tatsächlicher oder vermeintlicher ›Klassenfeinde‹ erstrecken, um so die unter dem Vorwand einer ›antifaschistisch-demokratischen Umwälzung‹ forcierte radikale Umgestaltung in Staat und Gesellschaft wirksamer durchsetzen und Widerstand dagegen brechen zu können. Alexander Solschenizyn zitiert dazu aus dem Sprachgebrauch der Tscheka den zynischen Begriff der ›sozialen Prophylaxe‹. Fraglos stand die Internierung Hunderttausender Deutscher im Kontext zu der ›Revolution von oben‹, die die sowjetische Okkupationsmacht im Verein mit den deutschen Kommunisten 1945 im Gebiet der heutigen DDR zielbewußt eingeleitet hat.«

Auch die Totenlisten der neuen Lager sprechen eine eindeutige Sprache. Auf ihr stehen neben höheren NS-Funktionären und kleinen Beamten auch jüdische KZ-Insassen aus der Zeit vor 1945[6], neben Angehörigen der Intelligenzschicht (Anwälte und Ärzte, Fabrikanten und Wissenschaftler) auch Prominente wie der Schauspieler Heinrich George[8] oder Herzog Joachim Ernst von Anhalt[9], neben 36 Mitgliedern von Reichsgericht und -anwaltschaft (darunter 11 Parteilose und nur 5, die an dubiosen Urteilen beteiligt waren[10]) auch aktive Widerstandskämpfer gegen den Nationalsozialismus wie Justus Delbrück, Ulrich Freiherr von Seel, Dr. Ludwig Münch, Horst Graf von Einsiedel, Julius Scherff[11]; von 5000 inhaftierten Sozialdemokraten starben 400[12]. Die Gräber wurden eingeebnet und – wie schon in Katyn – mit Sträuchern und Bäumen bepflanzt[13].

Offiziell nannte man die KZs »Internierungslager«, sowjetischerseits auch »Spez-Lager« (Speziallager).

Die größten Lager waren Buchenwald bei Weimar (Durchschnittsbelegung 10000 bis 12000 Häftlinge), Sachsenhausen bei Brandenburg (Durchschnittsbelegung 12000 bis 15000) und Mühlberg/Elbe (Durchschnittsbelegung 12000). Lager bestanden auch in Bautzen, Torgau, Ketschendorf, Jamlitz, Fünfeichen bei Neubrandenburg und an mehreren anderen Orten. Tausende von Häftlingen saßen auch in den Gefängnissen der Besatzungszone.

Zur Zwangsarbeit in die Sowjetunion deportiert wurden annähernd 40000 Mitteldeutsche[14], die meistens vorher in einem alles andere als rechtsstaatlichen Verfahren abgeurteilt worden waren[15]. Ihr Schicksal ähnelte dem der verschleppten Deutschen aus den Oder-Neiße-Gebieten und aus Ost- und Südosteuropa (vgl. 4. Kapitel).

Die Sterblichkeit in den Konzentrationslagern der Kommunisten war nicht geringer als die in den Lagern der Nationalsozialisten. In Buchenwald starben 13000 Häftlinge, in Sachsenhausen 20000 etc.[16]. Die Gesamtzahl der umgekommenen KZ-Häftlinge wird zwischen 65000 und 130000 angegeben[17]. Hermann Just z. B. macht folgende Rechnung auf[18]:

Internierte und Strafgefangene	185000
davon deportiert	37000
davon nach Auflösung der KZs 1950	
Zurückgehaltene	14500
davon Gestorbene	96000
davon in Freiheit Entlassene	37000
	185000

Bedenkt man die hohe Sterbequote der Deportierten, so bleibt als Fazit festzuhalten, daß über 100000 Mitteldeutsche in sowjetischen Lagern und Gefängnissen zu Tode gekommen sind.

Exkurs: Lager im Westen

Auch in den drei Westzonen wurden insgesamt etwa 250000 Menschen[19] in Lagern interniert. Als Rechtsgrundlage fungierte die berühmt-berüchtigte Direktive JCS 1067 der US-Militärregierung, die bis zum Sommer 1947 Grundlage der amerikanischen Besatzungspolitik war; danach waren nicht nur alle mutmaßlichen Kriegsverbrecher zu verhaften, sondern auch alle Personen, die die Durchführung der Ziele der Besatzungsmächte gefährden könnten[20]. Der parteilose Schriftsteller Ernst von Salomon, der zusammen mit seiner jüdischen Frau verhaftet und so gründlich »verhört« worden war, daß er einige Zähne verlor, berichtet über seine Lagererfahrungen in der amerikanischen Besatzungszone:

»Geprügelt wurde so gut wie ausnahmslos jeder, der in das Lager eingeliefert wurde; die Amerikaner nannten das ›overwork‹ (›überarbeiten‹). Geprügelt wurden selbst diejenigen Internierten, die aus einem anderen Lager kamen, in welchem sie bereits ihren Tribut empfangen hatten, und auch die Generale, die aus dem Kriegsgefangenenlager kamen.«[21]

Während in einigen – nicht in allen – US-Lagern ehemalige »Kapos« aus den Konzentrationslagern der Nationalsozialisten eingesetzt wurden und gewisse vorhersehbare Folgen eintraten[22], war auch die Behandlung der Gefängnisinsassen nicht immer rechtsstaatlich. Im Malmedy-Prozeß (es ging dort um den Tod amerikanischer Kriegsgefangener) z. B. mußte sich auf Veranlassung des Verteidigers eine Kommission aus zwei Richtern nachträglich mit den angewandten Verhörmethoden beschäftigen. Das Ergebnis: Folter dritten Grades war angewendet worden, und »sämtliche Deutsche bis auf 2 in den 139 von uns untersuchten Fällen hatten durch Fußtritte in die Hoden unheilbare Schäden erlitten. Dies war die übliche Untersuchungsmethode unserer amerikanischen Untersuchungsbeamten«.[23]

In der britischen Besatzungszone ereigneten sich solche Vorfälle nur sehr selten. Unter französischer Regie allerdings waren Menschenrechtsverletzungen keine Seltenheit. Eine traurige Berühmtheit erreichte das ehemalige NS-KZ Schirmeck/Natzweiler im Elsaß, wo ab 1944 mußmaßliche französische Kollaborateure und Deutsche unter menschenunwürdigen Zuständen interniert waren[24].

Alles in allem aber wäre es übertrieben, die westalliierten Zivilinternierten-Lager mit dem Kainsmal »Konzentrationslager« zu brandmarken. Eine Massensterblichkeit hat es dort zu keiner Zeit gegeben. – In diesem Zusammenhang interessiert vielleicht, daß die US-Regierung auch alte amerikanische Staatsbürger japanischer Abstammung (Nisei genannt) nach dem Kriegsausbruch 1941 in Lager sperrte[25]. So verwerflich diese Praxis war, von einem KZ-System kann nicht die Rede sein, da die Internierten im allgemeinen human behandelt wurden und sich darum ein Vergleich mit den Lagern Hitlers oder Stalins verbietet.

7. Zusammenfassung

Unter den deutschen Nachkriegsverlusten stehen die Vertreibungsverluste an erster Stelle. Im Zuge von Flucht, Vertreibung sowie Verschleppung in die Sowjetunion sind 2,8–3 Millionen Menschen teils durch Verbrechen, teils durch Hunger, Seuche und Erschöpfung zu Tode gekommen. Für die 16,5 Millionen Bewohner Ostdeutschlands und der deutschen Streusiedlungen in Ost- und Südosteuropa hat das Statistische Bundesamt rund 2,2 Millionen Opfer errechnet; der Rest entfällt auf die nach 1939 in die Vertreibungsgebiete zugezogenen West- und Mitteldeutschen und auf die Rußlanddeutschen.

Von über 11 Millionen deutschen Kriegsgefangenen des Zweiten Weltkriegs sind fast 1,6 Millionen umgekommen. Die absolut höchste Opferzahl verzeichnete die Sowjetunion mit 1,335 Millionen, die relativ höchste Jugoslawien mit einer Sterberate von rund 50 Prozent. Im Tito-Staat waren auch die meisten Massenerschießungen von Gefangenen und die schlimmsten Grausamkeiten zu verzeichnen. Unter den westlichen Gewahrsamsmächten haben die Gefangenen in Frankreich die schlechteste Behandlung erfahren.

In die Sowjetunion verschleppt wurden rund 900 000 Deutsche. Die größte Gruppe unter den Deportierten stellten mit 500 000 die sog. Reparationsverschleppten (ihre Zwangsarbeit stellte nach alliierter Auffassung eine Form der Reparationen dar). Von den 500 000 starb fast die Hälfte – 47 Prozent – in sowjetischen Lagern. Aber auch die anderen Verschleppten wie z. B. die geflohenen und später zwangsweise repatriierten Rußlanddeutschen, ca. 270 000 an der Zahl, hatten mit 37 Prozent sehr hohe Menschenopfer zu beklagen.

Der Einmarsch der Roten Armee in Mitteldeutschland und im östlichen Österreich verlief regional sehr unterschiedlich. Während es mancherorts kaum Ausschreitungen gab, wurden andere Gegenden ähnlich heimgesucht wie die Vertreibungsgebiete. Mit 240 000 Toten in Mitteldeutschland und 60 000 in Österreich liegen die Menschenopfer des sowjetischen Einmarsches hier deutlich unter den Vergleichszahlen für die Oder-Neiße-Gebiete.

Die Konzentrationslager in Mitteldeutschland wurden nicht 1945 aufgelassen, sondern erst 1950. Nach Kriegsende dienten sie nicht nur der Internierung höherer NS-Funktionäre, sondern auch der Ausschaltung der bürgerlichen Oberschicht und derjenigen Demokraten, in denen man sowjetischerseits eine potentielle Gefahr für die kommunistische Diktatur sah. Die Verhältnisse in den Lagern waren nach 1945 nicht weniger unmenschlich als vorher. Der Terror in sowjetzonalen Gefängnissen und Konzentrationslagern hat rund 100000 Menschenleben gekostet.

Die deutschen Nachkriegsverluste liegen insgesamt bei fast 5 Millionen Menschen (mindestens 4 777 000). Sie stellen aber nur einen Teil der europäischen Nachkriegsverluste dar. Sehr verlustreich verliefen die sog. Säuberungen 1944/45 in Frankreich, Italien, Jugoslawien und der Sowjetunion. Bei letzterer ist die Trennung von Kriegsverlusten und Nachkriegsverlusten allerdings z. T. schwierig. Je nach Zählweise ist hier mit 8 bis 12 Millionen Menschen zu rechnen, die ohne Zusammenhang mit Kampfhandlungen dem Moskauer Terror zum Opfer fielen. Hinzu kommen annähernd 2 Millionen polnische, baltische, rumänische und ungarische Opfer Stalins. Bei vorsichtiger Schätzung wird man von einer Mindestzahl von 15 Millionen Nachkriegsopfern im Sinne der vorliegenden Untersuchung ausgehen müssen.

Dokumentenanhang

Die Auslieferung der Kosaken 1945

(Britischer Bericht aus Österreich, zitiert nach Nikolai Tolstoy, Die Verratenen von Jalta, S. 256 f.)

Korporal Edward Stewart, seinerzeit Meldefahrer:

»Eines Tages mußte ich antreten, um die britische Seite einer Brücke in Judenburg zu bewachen, während ein Konvoi mit russischen Kosaken an die Russen auf der anderen Brückenseite ausgeliefert werden sollte. Offiziell wurde uns der Grund für die Auslieferung dieser unglücklichen Menschen nie mitgeteilt, aber wir wußten, daß sie auf deutscher Seite gegen uns gekämpft hatten (dies traf selbstverständlich nicht zu. N. T.). Es war uns auch klar, daß sie dem Tod entgegengingen. Darüber bestand nie der geringste Zweifel.

In der Nähe der Brücke stand ein Latrineneimer, und viele der Kosaken benutzten ihn, ehe sie die Brücke überquerten, doch nicht eines natürlichen Bedürfnisses wegen. Sie füllten ihn mit deutschen Reichsmark, Uhren und anderen Schmuckstücken. Es mag sonderbar klingen, daß solch ein Eimer überhaupt aufgestellt wurde, denn alle Truppen hatten seit Beginn des Krieges Feld, Wald und Wiese als riesigen Misthaufen benutzt. Zu der Zeit konnte ich keine Gewalttätigkeit gegen die Kosaken beobachten, aber ich fuhr nicht mit dem Konvoi mit, sondern stellte mich nur an dem Punkt der Nimmerwiederkehr auf...

Doch in der folgenden Nacht und am nächsten Tag begannen wir die Gewehrsalven zu zählen, die, zusammen mit dem schönsten Männergesang, den ich je gehört habe, aus dem russischen Sektor zu uns herüberdrangen. Die Stimmen hallten in der ganzen Gegend wider. Dann hörte man, wie auf das Gewehrfeuer Beifallgejohl folgte.«

Katyn 1940: Sowjetischer Gefangenenmord

(Zeugenaussagen aus den Akten der Wehrmacht-Untersuchungsstelle für Verletzungen des Völkerrechts)

Der Russe Matwei Sacharow:

»Von 1937 bis 1941 arbeitete ich bei der Eisenbahn ... Im Monat März 1940 kamen Güterzüge aus dem Tambowschen Gebiet, die fünf bis sechs von den großen Pullmann-Arrestwaggons, anhängen hatten ... Wie ich von der Begleitmannschaft dieser Züge erfuhr, kamen die Häftlinge von Kozielsk her ... Als Rangierer hatte ich Gelegenheit, unmittelbar dabeizustehen, wie aus den Waggons die Leute auf die Zellenkraftwagen geschafft wurden ... Die Gefangenen trugen meist polnische Uniformen und waren zum großen Teil Offiziere. Unter den Zivilisten habe ich auch vereinzelt Geistliche feststellen können ... Ich kann mich noch genau erinnern, daß diese Ausladungen 28 Tage dauerten. Dies konnte ich aus meinen dienstlichen Aufzeichnungen genau feststellen.«

Am 25. Juni 1946 gab Generalrichter Conrad eine eidesstattliche Erklärung zum Fall Katyn für den Nürnberger Prozeß ab:

»Ich habe mir die Ausgrabungen selbst angesehen und festgestellt, daß die Leichen einen vertrockneten, mumienhaften Eindruck machten; die Uniformen waren gut erkennbar, alle Leichen hatten Genickschuß, einige hatten Mundknebel und Handfesseln. Bei den meisten Leichen wurden Papiere, Schmucksachen und Geld gefunden, so daß sie leicht identifiziert werden konnten. Alle bei den Erschossenen gefundenen Gegenstände wurden geordnet und in einem Raum zur Besichtigung ausgestellt. Aus den gefundenen Tagebüchern und Briefen ergab sich, daß die Erschießung der polnischen Offiziere im April 1940 vor sich gegangen sein mußte; soweit ich mich erinnere, waren die letzten Eintragungen in den gefundenen Tagebüchern mit dem 7. April datiert.

Diese Feststellungen stimmen auch mit den Aussagen einer Reihe von russischen Eisenbahnarbeitern und Bauern überein ... Auf Befehl vom Oberkommando des Heeres mußte ich diese Zeugen vereidigen.«

(Quelle: Alfred M. de Zayas, Die Wehrmacht-Untersuchungsstelle, S. 356)

Sowjetische Massaker in Lemberg/Galizien 1941

(Zeugenaussage aus den Akten der Wehrmacht-Untersuchungsstelle)

»Ich begab mich sofort mit 2 Mann der Feldpolizei zum brennenden Gefängnis Brigitti. Da traf ich einen jungen Ukrainer, etwa 24 Jahre alt, der mich durch das Gefängnis führte. Er gab an, 24 Stunden vorher kurz vor seiner beabsichtigten Erschießung aus der Zelle drei des linken Gebäudes entflohen zu sein, und führte mich durch die Kellerräume, durch das Erdgeschoß und durch den 1. Stock des ganzen Gefängnisses. Die Bevölkerung, die durch den Eingang nachdrängte, bat wehklagend und jammernd, nach ihren Angehörigen sehen zu dürfen, mit denen sie noch 2 Tage zuvor Verbindung durch Zurufe hätten aufnehmen können. Wir entdeckten gleich am Eingang in den 4 ersten Kellern eine Unmenge Leichen, die an der obersten Schicht verhältnismäßig frisch waren, während die untersten Schichten schon stark in Verwesung übergingen. Im 4. Keller waren die Leichen durch eine geringe Sandschicht notdürftig überdeckt. Im ersten Gefängnishof lagen noch mehrere mit Blut befleckte Krankentragen. Auf einer Krankentrage lag eine durch Genickschuß getötete männliche Person ...

Auf meine Veranlassung wurde mit der Ausräumung der Keller sofort begonnen, und es wurden im Laufe der folgenden drei Tage 423 Leichen auf den Hof zur Schau gebracht. Unter den Leichen befanden sich Knaben im Alter von 10, 12 und 14 Jahren etwa, weiterhin junge Frauen von 18, 20 und 22 Jahren, außerdem Greise und ältere Frauen ...

Von da fuhr ich zum Gefängnis der früheren GPU ... Beim Aufbrechen der Tür in die unteren Gefängnisräume wurden 4 Leichen am Eingang der Treppe, darunter eine junge Frau im Alter von etwa 20 Jahren, gefunden, die zu allerletzt scheinbar erschossen wurden, im ersten großen Zimmer lagen die Leichen bis zur Hälfte der Höhe des Zimmers ...

Von da wurde ich zum Militärgefängnis im Norden der Stadt gerufen. Beim Betreten der Keller war ein derartiger Verwesungsgeruch und lief derartig das Blut unter den Leichenbergen hervor, daß wir uns alle einer polnischen Gasmaske bedienen mußten, um in den Kellern die nötigen Erhebungen anstellen zu können. Die Mädchen, Frauen und Männer lagen schichtweise übereinandergeworfen, bis an die Decke des Kellers gefüllt. Der dritte und vierte Keller war nur ³/₄ voll. Es wurden über 460 Leichen aus diesen Kellern geborgen. Von den Leichen zeigten viele Spuren gröbster Mißhandlungen, Verstümmelungen an Armen und Beinen und Fesselungen. Die Bergung der restlichen Leichen wurde eingestellt auf Befehl des Kommandanten, da infolge der Hitze die Verwesung derartig stark war, daß ein Wiedererkennen der schlecht gekleideten Leichen unmöglich war.«

(Quelle: Alfred M. de Zayas, Die Wehrmacht-Untersuchungsstelle, S. 335f.)

Heeres-Verordnungsblatt

Herausgegeben vom Oberkommando des Heeres

Bestellungen nehmen alle Postanstalten an. Bezugspreis vierteljährlich 1,10 R.M für die gewöhnliche Ausgabe, 1,40 R.M für die Aktienausgabe. Einzelnummern werden nur von der Verlagsbuchhandlung E. S. Mittler & Sohn, Berlin SW, Kochstr. 68–71, zum Preise von 2 Rpf für 1 Blatt (2 Seiten) verkauft. Mindestpreis 5 Rpf.

| 21. Jahrgang | Berlin, den 15. September 1939 | 57. Ausgabe |

852. Verletzungen des Völkerrechts

Beim Oberkommando der Wehrmacht (Wehrmachtrechtsabteilung) ist eine »Wehrmacht-Untersuchungsstelle für Verletzungen des Völkerrechts« gebildet worden mit der Aufgabe, die von den gegnerischen Militär- und Zivilpersonen gegen deutsche Wehrmachtangehörige begangenen Verstöße gegen das Völkerrecht festzustellen und zugleich die vom Auslande gegen die deutsche Wehrmacht in dieser Hinsicht erhobenen Anschuldigungen aufzuklären.

Die Wehrmachtgerichte werden ersucht, den Ersuchen der genannten Stelle um Beweiserhebungen, insbesondere um Vernehmung von Zeugen und Sachverständigen sowie um deren Vereidigung zu entsprechen. In den Protokollen ist eine Bezugnahme auf andere Schriftstücke (Eingaben, Meldungen, Berichte, frühere Aussagen u. dgl.) zu vermeiden; die zur Erörterung stehenden Vorkommnisse sind vielmehr in den Protokollen selbst ausführlich darzustellen.

O. K. W., 4. 9. 39
— 2 f 10 — W R (D).

Die »Wehrmacht-Untersuchungsstelle für Verletzungen des Völkerrechts« und ihre Beurteilung nach heutigen Erkenntnissen:

»Zusammenfassend führen die innere Folgerichtigkeit der Akten der Wehrmacht-Untersuchungsstelle, die heutigen Aussagen der damals beteiligten Personen und der Vergleich mit anderen historischen Quellen zu dem Ergebnis, daß die Wehrmacht-Untersuchungsstelle eine gewissenhafte justizkonforme Dokumentation betrieben hat, was vielleicht auch damit zu erklären ist, daß die beiden leitenden Personen, Johannes Goldsche und sein Vorgesetzter Dr. Rudolf Lehmann, Chef der Wehrmachtrechtsabteilung, alte Richter waren, die trotz ihrer herausgehobenen Stellungen der NSDAP nicht angehörten und dem Gedankengut des Nationalsozialismus fernstanden.«

(Quelle: Alfred M. de Zayas, Die Wehrmacht-Untersuchungsstelle, S. 30)

1. Bevölkerungsbilanz für die z. Z. unter fremder Verwaltung stehenden Ostgebiete des Deutschen Reiches

in 1000

Bestand bzw. Vorgang	Ost-preußen	Ost-pommern	Ost-branden-burg	Schlesien	Zu-sammen
Wohnbevölkerung im Mai 1939	2 488,1	1 895,2	644,8	4 592,7	9 620,8
darunter					
A. Deutsche Bevölkerung	2 473,0	1 883,7	642,0	4 576,5	9 575,2
B. Natürliche Zunahme der deutschen Bevölkerung von Mai 1939 bis Kriegsende (ohne Berücksichtigung der Kriegsverluste)	121,0	72,0	15,0	174,0	382,0
C. (= A + B) Deutsche Bevölkerung bei Kriegsende (ohne Berücksichtigung der Kriegsverluste)	2 594,0	1 955,7	657,0	4 750,5	9 957,2
D. Kriegsverluste der deutschen Bevölkerung					
1. Wehrmachtssterbefälle	210,0	125,0	41,0	280,0	656,0
2. Luftkriegstote der Zivilbevölkerung	2,0	8,0	0,5	1,0	11,5
E. (= C—D) De-jure-Stand der deutschen Bevölkerung (ohne Berücksichtigung der bei Erdkämpfen entstandenen Kriegsverluste der Zivilbevölkerung) bei Kriegsende	2 382,0	1 822,7	614,5	4 469,5	9 289,7
F. Vertriebene im September 1950	1 959,0	1 430,0	395,0	3 197,0	6 981,0
darunter im(n)					
Bundesgebiet	1 347,2	801,1	131,2	2 053,4	4 422,9
Berlin (West)	28,3	31,7	21,7	36,6	118,3
G. Geburtenüberschuß der Vertriebenen von Kriegsende bis September 1950 ..	49,0	33,0	6,0	76,0	164,0
H. (= F—G) Von der Vertreibung direkt Betroffene	1 910,0	1 397,0	389,0	3 121,0	6 817,0
J. Zurückgebliebene und zurückgehaltene deutsche Bevölkerung	160,0	55,0	16,0	870,0	1 101,0
K. Im September 1950 vermutlich noch am Leben befindliche Kriegsgefangene, Zivilinternierte und Vermißte	12,8	6,0	2,0	12,2	33,0
L. (= H + J + K) Geklärte Fälle	2 082,8	1 458,0	407,0	4 033,2	7 951,0
M. (= E—[H + J + K]) Ungeklärte Fälle (Nachkriegsverluste)	299,2	364,7	207,5	466,3	1 338,7
N. (= D + M) Kriegs- und Nachkriegsverluste insgesamt	511,2	497,7	250,0	747,3	2 006,2
vH der deutschen Bevölkerung im Mai 1939	20,7	26,4	38,9	16,3	20,9
darunter					
O. (= D2 + M) Verluste der Zivilbevölkerung	311,2	372,7	209,0	497,3	1 390,2

(Quelle: Statistisches Bundesamt, Die deutschen Vertreibungsverluste, S. 38)

2. Bevölkerungsbilanz für deutsche Siedlungsgebiete im Ausland

in 1 000

Bestand bzw. Vorgang	Mittel- und osteuropäisches Ausland				
	Baltische Staaten und Memelgebiet	Danzig	Polen	Tschechoslowakei	Zusammen
A. Deutsche Bevölkerung im September 1939	249,5	380,0	1 371,0[1])	3 477,0	5 477,5
B. Natürliche Zunahme der deutschen Bevölkerung von September 1939 bis Kriegsende (ohne Berücksichtigung der Kriegsverluste)	6,4	15,0	30,0	156,0	207,4
C. (= A + B) Deutsche Bevölkerung bei Kriegsende (ohne Berücksichtigung der Kriegsverluste)	255,9	395,0	1 401,0	3 633,0	5 684,9
D. Kriegsverluste der deutschen Bevölkerung — Wehrmachtsverluste	15,0	22,0	108,0	180,0	325,0
E. (= C—D) De-jure-Stand der deutschen Bevölkerung (ohne Berücksichtigung der Kriegsverluste der Zivilbevölkerung) bei Kriegsende	240,9	373,0	1 293,0[2])	3 453,0	5 359,9
F. Vertriebene im September 1950	169,5	290,8	688,0	3 000,4	4 148,7
darunter im(n)	107,6	225,0	409,7	1 912,0	2 654,3
Bundesgebiet					
Berlin (West)	2,3	5,2	9,9	5,8	23,2
G. Geburten- bzw. Sterbefallüberschuß der Vertriebenen von Kriegsende bis September 1950	— 0,7	7,0	16,0	79,0	101,3
H. (= F ± G) Von der Vertreibung direkt Betroffene	170,2	283,8	672,0	2 921,4	4 047,4
J. Zurückgebliebene und zurückgehaltene deutsche Bevölkerung	15,0	4,0	431,0[2])	250,0	700,0
K. Im September 1950 vermutlich noch am Leben befindliche deutsche Kriegsgefangene, Zivilinternierte und Vermißte	4,3	2,0	5,0	8,7	20,0
L. (= H + J + K) Geklärte Fälle	189,5	289,8	1 108,0	3 180,1	4 767,4
M. (= E—[H + J + K]) Ungeklärte Fälle (Nachkriegsverluste)	51,4	83,2	185,0	272,9	592,5
N. (= D + M) Kriegs- und Nachkriegsverluste insgesamt	66,4	105,2	293,0	452,9	917,5
vH der deutschen Bevölkerung bei Kriegsbeginn	26,6	27,7	21,4	13,0	16,8

[1]) Darunter 383 000 Zweisprachige, die zu dem von der Vertreibung nicht betroffenen Bevölkerungsteil gehören. — [2]) Darunter 361 000 Zweisprachige, die zu dem von der Vertreibung nicht betroffenen Bevölkerungsteil gehören.

In 1000

Bestand bzw. Vorgang	Südosteuropa				Deutsche Siedlungsgebiete im Ausland insgesamt
	Ungarn	Jugoslawien	Rumänien	Zusammen	
A. Deutsche Bevölkerung im September 1939	623,0[1])	536,8	786,0[1])	1 945,8	7 423,3
B. Natürliche Zunahme der deutschen Bevölkerung von September 1939 bis Kriegsende (ohne Berücksichtigung der Kriegsverluste)	10,0	13,0	34,0	57,0	264,4
C. (= A + B) Deutsche Bevölkerung bei Kriegsende (ohne Berücksichtigung der Kriegsverluste)	633,0	549,8	820,0	2 002,8	7 687,7
D. Kriegsverluste der deutschen Bevölkerung — Wehrmachtssterbefälle	32,0	40,0	35,0	107,0	432,0
E. (= C—D) De-jure-Stand der deutschen Bevölkerung (ohne Berücksichtigung der Kriegsverluste der Zivilbevölkerung) bei Kriegsende	601,0	509,8	785,0	1 895,8	7 255,7
F. Vertriebene im September 1950	213,0	297,5	253,0	763,5	4 912,2
darunter im(n) Bundesgebiet	178,0	147,5	148,6	474,1	3 128,4
Berlin (West)	0,2	0,5	0,9	1,6	24,8
G. Geburtenüberschuß der Vertriebenen von Kriegsende bis September 1950 ..	7,0	10,5	7,0	24,5	125,8
H. (= F—G) Von der Vertreibung direkt Betroffene	206,0	287,0	246,0	739,0	4 786,4
J. Zurückgebliebene und zurückgehaltene deutsche Bevölkerung	270,0	82,0	400,0	752,0	1 452,0
K. Im September 1950 vermutlich noch am Leben befindliche deutsche Kriegsgefangene, Zivilinternierte und Vermißte	8,0	5,0	6,0	19,0	39,0
L. (= H + J + K) Geklärte Fälle	544,0[2])	374,0	684,0[3])	1 602,0[4])	6 369,4[4])
M. (= E—[H + J + K]) Ungeklärte Fälle (Nachkriegsverluste)	57,0[5])	135,8	101,0	293,8	886,3
N. (= D + M) Kriegs- und Nachkriegsverluste insgesamt	89,0	175,8	136,0	400,8	1 318,3
vH der deutschen Bevölkerung bei Kriegsbeginn	*14,3*	*32,7*	*17,3*	*20,6*	*17,8*

[1]) Im Jahre 1940. — [2]) Einschl. 60 000 Personen als Assimilationsverlust. — [3]) Einschl. 32 000 Personen als Assimilationsverlust. — [4]) Einschl. 92 000 Personen als Assimilationsverlust. — [5]) Darunter 4 000 Kriegsverluste der Zivilbevölkerung.

(Quelle: Statistisches Bundesamt, Die deutschen Vertreibungsverluste, S. 45 ff.)

»Töte den Deutschen!« – Sowjetische Flugblatt-Propaganda

Auszug aus Ilja Ehrenburgs Aufruf »Töte!«, in Zeitungen und als Flugblatt verbreitet, abgedruckt in Ehrenburgs Buch »Der Krieg« (Moskau 1943):

»Die Deutschen sind keine Menschen. Von jetzt ab ist das Wort ›Deutscher‹ für uns der allerschlimmste Fluch. Von jetzt ab bringt das Wort ›Deutscher‹ ein Gewehr zur Entladung. Wir werden nicht sprechen. Wir werden uns nicht aufregen. Wir werden töten. Wenn du nicht im Laufe eines Tages wenigstens einen Deutschen getötet hast, so ist es für dich ein verlorener Tag gewesen. Wenn du glaubst, daß statt deiner der Deutsche von deinem Nachbarn getötet wird, so hast du die Gefahr nicht erkannt. Wenn du den Deutschen nicht tötest, so tötet der Deutsche dich. Er wird die Deinigen festnehmen und sie in seinem verfluchten Deutschland foltern. Wenn du den Deutschen nicht mit einer Kugel töten kannst, so töte ihn mit dem Seitengewehr. Wenn in deinem Abschnitt Ruhe herrscht und kein Kampf stattfindet, so töte den Deutschen vor dem Kampf. Wenn du den Deutschen am Leben läßt, wird der Deutsche den russischen Mann aufhängen und die russische Frau schänden. Wenn du einen Deutschen getötet hast, so töte einen zweiten – für uns gibt es nichts Lustigeres als deutsche Leichen. Zähle nicht die Tage. Zähle nicht die Kilometer. Zähle nur eines: die von dir getöteten Deutschen! Töte den Deutschen! – dieses bittet dich deine greise Mutter. Töte den Deutschen! – dieses bitten dich deine Kinder. Töte den Deutschen! – so ruft die Heimaterde. Versäume nichts! Versieh dich nicht! Töte!«

Aus zug aus dem Flugblatt »Schlag den Deutschen – den Satan!« (ohne Verfasserausgabe):

»...Töte den Deutschen, wo du ihn antriffst. Schlag ihn auf der städtischen Straße, im Hause, spreng ihn mit der Granate, stich das Bajonett in ihn, die Mistgabel; spalt ihn mit dem Beil, setz ihn auf den Pfahl, zerschneid ihn mit dem Messer – schlag wie du kannst – ABER TÖTE! Töte ihn, und du rettest dein Leben und das deiner Familie. Töte ihn, und du rettest deine Heimat, dein Volk. Überall mußt du die Bestie schlagen! Wenn er haltmacht und schläft – zerfleische den Schlafenden. Passiert er den Wald, da möge er den Tod finden. Ist er unterwegs – eine Mine soll ihn zerreißen. Fährt er in der Eisenbahn – laß den Zug am Abhang entgleisen. Zerdrücke, zerspalte, zersteche ihn im Wald, auf dem Feld, auf Straßen, vernichte ihn überall! ...«

(Quelle: Heinz Nawratil, Vertreibungsverbrechen, S. 99)

Dekret des Polnischen Komitees der Nationalen Befreiung
vom 4. November 1944
über die Sicherungsmaßnahmen gegenüber Volksverrätern.

Dz. U. R. P. Nr. 11, Pos. 54.

Auf Grund des Gesetzes des Landes-Nationalrates vom 15. August 1944 über die vorläufige Form der Erlassung von Dekreten mit Gesetzeskraft (Dz. U. R. P. Nr. 1, Pos. 3) wird folgendes vom Polnischen Komitee der Nationalen Befreiung beschlossen und vom Präsidium des Landes-Nationalrates bestätigt:

Art. 1. Polnische Staatsangehörige, welche zur Zeit der deutschen Besatzung auf dem Gebiet des sog. Generalgouvernements und der Wojewodschaft Bialystok entweder ihre Zugehörigkeit zur deutschen Nationalität (deutsche Volkszugehörige) oder ihre deutsche Abstammung (Deutschstämmige) erklärten oder tatsächlich die mit der Zugehörigkeit zur deutschen Nationalität oder mit der deutschen Abstammung verbundenen Rechte und Privilegien genossen, werden, unabhängig von der strafrechtlichen Verantwortung, festgenommen, für unbegrenzte Zeit in einen Internierungsort (Lager) eingewiesen und der Zwangsarbeit unterworfen.

Art. 3. Das Vermögen der in Art. 1 dieses Dekrets bezeichneten Volksverräter und ihrer in häuslicher Gemeinschaft mit ihnen lebenden Familienangehörigen unterliegt der Konfiskation zugunsten der Staatskasse, vorbehaltlich der Rechte dritter Personen an diesem Vermögen.

Art. 4. Die in Art. 1 genannten Volksverräter sowie ihre mit ihnen lebenden Familienangehörigen verlieren alle öffentlichen und bürgerlichen Ehrenrechte sowie die Eltern- und Vormundschaftsrechte für unbegrenzte Zeit.

Art. 5. Die Verfügungen über die in Art. 3 und 4 dieses Dekrets genannten Fragen erläßt das Sonderstrafgericht auf Antrag des Staatsanwalts in nichtöffentlicher Sitzung.

Art. 6. Die gerichtliche Verfügung kann Familienangehörige der Volksverräter von dem in Art. 4 bezeichneten Ehrenverlust und der Vermögenskonfiskation ausnehmen, wenn sich aus den gesamten Lebensumständen ergibt, daß sie nicht in tatsächlicher Ehe- oder Familiengemeinschaft mit dem Volksverräter lebten, und wenn sie selbst nicht wegen der in Art. 1 dieses Dekrets bezeichneten Handlungen belangt werden können.

Art. 7. § 1. Wer

a) aus der Haft oder der Internierung flüchtet oder das Vermögen oder einen Teil davon der Konfiskation entzieht,

b) zu den in Punkt a) genannten strafbaren Handlungen anstiftet oder in Wort oder Tat Beihilfe leistet,

c) einer unter die Bestimmungen des Art. 1 dieses Dekrets fallenden Person Hilfe leistet, insbesondere dadurch, daß er sie versteckt, ernährt oder mit Personal- und anderen Ausweisen versieht,

wird mit lebenslänglichem Gefängnis oder mit dem Tode bestraft.

(Quelle: Bundesministerium für Vertriebene, Die Vertreibung der Deutschen aus Ost-Mitteleuropa, Bd. I 2, S. 17f.)

Gesetz vom 8. Mai 1946
über die Rechtmäßigkeit von Handlungen, die mit dem Kampf um die Wiedergewinnung der Freiheit der Tschechen und Slowaken zusammenhängen.

Slg. Nr. 115.

Die vorläufige Nationalversammlung der Tschechoslowakischen Republik hat folgendes Gesetz beschlossen:

§ 1

Eine Handlung, die in der Zeit vom 30. September 1938 bis zum 28. Oktober 1945 vorgenommen wurde und deren Zweck es war, einen Beitrag zum Kampf um die Wiedergewinnung der Freiheit der Tschechen und Slowaken zu leisten, oder die eine gerechte Vergeltung für Taten der Okkupanten oder ihrer Helfershelfer zum Ziele hatte, ist auch dann nicht widerrechtlich, wenn sie sonst nach den geltenden Vorschriften strafbar gewesen wäre.

§ 2

(1) Ist jemand für eine solche Straftat bereits verurteilt worden, so ist nach den Vorschriften über die Wiederaufnahme des Strafverfahrens vorzugehen.

(2) Zuständig ist das Gericht, vor dem das Verfahren erster Instanz stattgefunden hat oder, falls ein solches Verfahren nicht stattgefunden hat, das Gericht, das jetzt in erster Instanz zuständig sein würde, wenn die Rechtswidrigkeit der Tat nicht nach § 1 ausgeschlossen wäre.

(3) Trifft mit einer in § 1 genannten Tat eine Straftat zusammen, für die der Angeklagte durch dasselbe Urteil verurteilt wurde, so fällt das Gericht für diese andere Tat durch Urteil eine neue Strafe unter Berücksichtigung des bereits erfolgten Schuldspruches.

§ 3

Dieses Gesetz tritt mit dem Tage der Kundmachung in Kraft[1]; es wird vom Justizminister und vom Minister für nationale Verteidigung durchgeführt.

Dr. Beneš e. h.

Fierlinger e. h.

Dr. Drtina e. h.   Gen. Svoboda e. h.

---

[1] Veröffentlicht am 4. Juni 1946.

(Quelle: Bundesministerium für Vertriebene, Die Vertreibung der Deutschen aus Ost-Mitteleuropa, Bd. IV 1, S. 291)

Polnischer Vertreibungsbefehl

Sonderbefehl

für die deutsche Bevölkerung der Stadt Bad Salzbrunn einschliesslich Ortsteil Sandberg.

Laut Befehl der Polnischen Regierung wird befohlen:

1. Am 14. Juli 1945 ab 6 bis 9 Uhr wird eine Umsiedlung der deutschen Bevölkerung stattfinden.

2. Die deutsche Bevölkerung wird in das Gebiet westlich des Flusses Neisse umgesiedelt.

3. Jeder Deutsche darf höchstens 20 kg Reisegepäck mitnehmen.

4. Kein Transport (Wagen, Ochsen, Pferde, Kühe usw.) wird erlaubt.

5. Das ganze lebendige und tote Inventar in unbeschädigtem Zustande bleibt als Eigentum der Polnischen Regierung.

6. Die letzte Umsiedlungsfrist läuft am 14. Juli 10 Uhr ab.

7. Nichtausführung des Befehls wird mit schärfsten Strafen verfolgt, einschließlich Waffengebrauch.

8. Auch mit Waffengebrauch wird verhindert Sabotage u. Plünderung.

9. Sammelplatz an der Straße Bhf. Bad Salzbrunn-Adelsbacher Weg in einer Marschkolonne zu 4 Personen. Spitze der Kolonne 20 Meter vor der Ortschaft Adelsbach.

10. Diejenigen Deutschen, die im Besitz der Nichtevakuierungsbescheinigungen sind, dürfen die Wohnung mit ihren Angehörigen in der Zeit von 5 bis 14 Uhr nicht verlassen.

11. Alle Wohnungen in der Stadt müssen offen bleiben, die Wohnungs- und Hausschlüssel müssen nach außen gesteckt werden.

Bad Salzbrunn, 14. Juli 1945, 6 Uhr.

Abschnittskommandant

(-) Zinkowski
Oberstleutnant

Zustände in polnischen Lagern aus richterlicher Sicht

Auszug aus dem Urteil des Landgerichts Hannover vom 20. Dezember 1951 gegen einen deutschen KZ-Helfer (Aktenzeichen 2 KS 1/51 28 a 6/51)

»... Die Deutschen selbst waren im Lager getrennt nach Männern, Frauen und Kleinkindern, kinderlosen Frauen und Mädchen sowie Knaben im Alter bis etwa 15–16 Jahren untergebracht. Familien wurden rücksichtslos auseinandergerissen. Kamen die betreffenden Angehörigen dennoch einmal insgeheim zusammen und wurden sie dabei von der polnischen Miliz gefaßt, dann gab es dafür entsetzliche Prügelstrafen bzw. die Todesstrafe. Vergewaltigungen der Frauen durch Polen waren an der Tagesordnung. Die meisten Polen waren überdies geschlechtskrank. An Verpflegung gab es für die Deutschen täglich mittags ½ Liter Wassersuppe, dazu morgens und abends 3 bis 4 alte, meistens faule, anfangs sogar ungekochte Kartoffeln und eine halbe Scheibe Brot. ...

Andererseits spotteten die hygienischen und sanitären Verhältnisse im Lager aller Beschreibung, so daß eine große Läuseplage herrschte. Die Folge dieser Zustände war, daß viele Menschen am Flecktyphus verstarben. Zwar hatten die Polen den deutschen Lagerinsassen Dr. Esser, der von Beruf Arzt war, zum Lagerarzt gemacht. Jedoch hatten sie ihm keinerlei medizinischen Instrumente oder Medikamente zur Verfügung gestellt, ja sie hatten sogar die Medikamente, die Dr. Esser anfangs aus Abfallgruben und Trümmerhaufen mühsam zusammengesucht hatte, mit Füßen zertreten. ... Infolge dieser Zustände allein verstarben schon viele Leute. Andere wieder wurden planmäßig aus nichtigen Anlässen von den Polen erschossen oder erschlagen. Wieder andere dienten den polnischen Partisanen als lebende Zielscheiben und wurden von den Polen gewissermaßen als Spielerei erschossen.

... Bei diesen Zuständen lag die Sterblichkeitsziffer im Lager sehr hoch. Die untere Grenze war im allgemeinen bei etwa 10 Toten pro Tag, die obere Grenze bei etwa 30 Toten. Es gab allerdings auch Tage, wo die Polen darüber hinaus in ganz besonderer Weise gegen die Deutschen wüteten. Hierzu zählt einmal die erste Nacht, die der Angeklagte im Lager verbrachte. Er war mit einem Schub von etwa 60 bis 70 Leuten ... nach einem anstrengenden Fußmarsch gekommen. In der ersten Nacht veranstalteten die Polen mit diesen halb verhungerten Menschen eine sogenannte ›Nachtübung‹, wobei sie etwa die Hälfte der Menschen – und zwar solche, die nicht schnell ›auf-nieder‹ machen konnten, – erschlugen ...«

(Quelle: Heinz Nawratil, Vertreibungsverbrechen, S. 51)

Aus dem Memorandum des sudetendeutschen Sozialdemokraten Wilhelm Nießner an die Prager Regierung

»Aus allen Teilen der Republik kommen auch noch heute mir, der ich wohl der älteste unter den früher im Vordergrund unserer Bewegung Gestandenen bin, Hilferufe der treuesten meiner Genossen zu, die mich wegen des bitteren Leidens, das aus ihnen spricht, in tiefster Seele erschüttern. In den verschiedenen Lagern befinden sich noch immer viele meiner Gesinnungsgenossen, sie haben nicht nur die Freiheit, sondern auch ihre Wohnung und ihr bißchen Eigentum verloren.

Sozialisten und Antifaschisten, darunter solche, die als langjährige Funktionäre der sozialistischen Parteien bekannt sind und von denen manche mit den Waffen in der Hand den nazistischen Banden im Jahre 1938 entgegengetreten sind, werden verhaftet, zusammen mit Faschisten aus ihren Wohnungen gejagt und unbekannt wohin abtransportiert. In der Ernährung sind die Antifaschisten mit den Faschisten auf dieselbe Stufe gestellt und beziehen die gekürzten Lebensmittelkarten, die sie zu einem Hungerdasein verurteilen. In vielen Orten müssen sie gleich den Faschisten das Erkennungszeichen ›N‹ (Nemec = Deutscher) tragen, das sie als diffamiert stigmatisiert.

Ein Dekret verordnet die Bildung antifaschistischer Ausschüsse, doch in manchen Orten ist jetzt nach Monaten damit noch kaum ein Anfang gemacht. In den Lagern bei den Abtransporten haben viele unserer Gesinnungsgenossen und Genossinnen ihr Leben eingebüßt ...«

(Quelle: Heinz Nawratil, Vertreibungsverbrechen, S. 52f.)

Aufruf der bayerischen Bischöfe

an alle, welche die natürlichen, gottgegebenen Menschenrechte heilig halten wollen.

Die auf ihrer Frühjahrskonferenz versammelten bayerischen Bischöfe gedenken voll liebender und sorgender Teilnahme der zahllosen Menschen, die durch den Krieg und seine schrecklichen Folgen in einen Abgrund von Not und Leid gestürzt wurden. Es ist Pflicht der Menschlichkeit und vor allem heilige Christenpflicht, hier zu helfen, wo und soweit es nur immer möglich ist, auch wenn die Pflicht der helfenden und heilenden Liebe große Opfer verlangt. Ohne Liebe und ohne Opfer kann das zerstörte Menschenglück nicht wieder aufgebaut werden und ein wahrer Friede unter den Menschen nicht wiederkehren. Wir alle, die wir im Zeichen und im Geiste Christi, des Sohnes Gottes und Erlösers der Welt, wandeln, aber auch alle, welche die Menschenwürde und Menschenrechte heilig halten wollen, müssen uns bewußt sein, daß *jeder Mensch ein unantastbares Recht hat auf sein Leben und auf alles, was zur Erhaltung eines menschenwürdigen Lebens und zur Erreichung des gottbestimmten Lebenszieles unbedingt notwendig ist. Jeder Mensch hat ein natürliches Recht auf die zur Erhaltung seines Lebens notwendige Nahrung, Kleidung und Wohnung.* An diesem Recht darf kein Mensch und keine Macht rütteln. Niemand darf dem Menschen das nehmen oder vorenthalten, was er zum Leben unbedingt braucht. Die Anerkennung und Achtung dieses Rechtes muß die Grundlage bilden für alle Verhandlungen, die den Frieden unter den Menschen und Völkern wieder herstellen wollen.

Wenn dieses gottgewollte, heilige und unverletzliche Recht auf unsere jetzige Lage angewendet wird, dann kann kein Zweifel sein, daß *den aus ihrer Heimat verstoßenen Menschen* wenigstens soviel Heimat zurückgegeben werden muß, als das Naturrecht verlangt. Jedem muß klar sein und ist es auch klar, daß ein um mehr als $\frac{1}{3}$ verkleinertes, ohnehin übervölkertes Deutschland nicht weiterer 13 Millionen Menschen Wohnung, Brot und Arbeit geben kann, zumal wenn die wirtschaftliche Basis immer mehr verkleinert und die zum wirtschaftlichen Leben unbedingt notwendigen Bodenschätze und Rohstoffe weggenommen werden. Das bedeutet nichts anderes als die Menschenrechte aufheben, die Möglichkeit zur Erhaltung des Lebens nehmen und Millionen Menschen zur Verelendung, zum Siechtum und Tod verurteilen. Das bedeutet einen Frevel gegen das heilige Gebot Gottes: Du sollst nicht töten! So werden die Grundlagen des menschlichen Einzellebens und Gemeinschaftslebens zerstört. Wir richten darum einen lauten, ernsten, bittenden und mahnenden Aufruf an alle rechtlich denkenden und vor allem an alle christlich gesinnten Menschen: Haltet die natürlichen und göttlichen Rechte der Menschen heilig, denn ohne sie seid ihr alle rechtlos, alle jenen ausgeliefert, welche die Macht haben, ihren Willen durchzusetzen, ganz gleich ob er dem Willen Gottes entspricht und mit der Menschenwürde in Einklang zu bringen ist oder nicht!

Die katholischen Bischöfe der Vereinigten Staaten Amerikas haben in dem Rundschreiben vom 17. November 1946 mit Recht betont: »Wir halten es für eine selbstverständliche Wahrheit, daß alle Menschen gleich geschaffen sind, daß sie vom Schöpfer mit gewissen unveräußerlichen Rechten ausgestattet wurden, wie mit dem Recht auf Leben, Freiheit und Streben nach Wohlstand. Daher ist unseres Erachtens die Hochachtung vor den Rechten und Pflichten des Menschen, als Einzelmensch und als Glied der häuslichen und bürgerlichen Gemeinschaft, die erste Pflicht jeder Regierung gegenüber ihren Bürgern. Der Staat fordert mit Recht von seinen Bürgern Mitarbeit am Gemeinwohl, aber das berechtigt ihn nicht zur Zwangsherrschaft mit Unterdrückung der persönlichen, politischen, sozialen und religiösen Grundrechte. Was jedoch eine Regierung beim Gebrauch ihrer eigenen Hoheitsrechte nicht tun darf, das darf sie auch nicht genehmigen oder gar in versteckter Form begünstigen, wenn es um eine andere Regierung sich handelt bei Abmachungen, die wie Friedensschluß und Friedensschutz die Nationen betreffen.«

In Anwendung dieser Grundsätze auf das *Flüchtlingselend* sagen die Bischöfe Amerikas mit großem Ernst: »In Europa ist etwas geschehen, was die Geschichte noch nicht kannte. Auf Grund eines Abkommens zwischen den Siegerstaaten wurden Millionen von deutschen Menschen, die seit Jahrhunderten in Osteuropa ansässig waren, von ihrer Heimatscholle vertrieben und mittellos ins Herz Deutschlands gestoßen. Die Leiden dieser Menschen auf ihren harten Wanderwegen, ihre Heimatlosigkeit und Hoffnungslosigkeit erzählen uns eine traurige Geschichte von der *Unmenschlichkeit solcher Vertreibung.* Wäre bei den Besprechungen der Sieger die rechte Wertung von menschlicher Würde vorherrschend gewesen, so würde man sicher ein anderes Abkommen gefunden haben, um diese Bevölkerung in menschenwürdiger Weise umzusiedeln. Wir rühmen uns unserer Demokratie. Aber bei diesen Menschenverschiebungen haben wir uns, ohne es zu merken, in das Schlepptau der grausamen Theorien einer herzlosen totalen Staatsauffassung zerren lassen.«...

Freising, 22. April 1947.

Die Erzbischöfe und Bischöfe der bayerischen Kirchenprovinzen:

Michael Kardinal *Faulhaber,* Erzbischof von München und Freising,

Josef Otto, Erzbischof von Bamberg,
Matthias, Bischof von Würzburg,
Michael, Bischof von Regensburg,
Josef, Bischof von Augsburg
Michael, Bischof von Eichstätt,
Simon Konrad, Bischof von Passau,
Josef, Bischof von Speyer.

(Quelle: Franz Lorenz [Herausg.], Schicksal Vertreibung, Aufbruch aus dem Glauben, S. 115f.)

Gefangenenmorde in Jugoslawien

(Augenzeugenberichte)

Gerhard Volkert, der beim Stab des XV. Geb. A. K. zeitweise als 1. Ordonanz-offizier mit der Abfassung und Auswertung der Tagesmeldungen beauftragt war, bemerkte in seiner Eidesstattlichen Erklärung vom 16. 9. 1947, „daß häufig Lazarette und Lazarettzüge angegriffen, auf Sanitätskraftwagen geschossen, gefallene und schwerverwundete deutsche Soldaten, wie auch Kroaten, ihrer Uniform und persönlichen Gegenstände beraubt und durch Abschneiden der Ohren, Nasen, Finger oder der Geschlechtsteile verstümmelt" (wurden)

In der gleichen Erklärung belegt Volkert diese Behauptung durch die Schilde-rung eines Einzelfalles:

„Frühjahr 1943 wurde ein Lastkraftwagen eines Luftwaffenstabes bei Lučko (bei Agram) von einer Bande angegriffen, zerstört und seine Besatzung ge-tötet. Wenig später hatte ich Gelegenheit, den Tatort zu besichtigen. Neben dem zerstörten und ausgeplünderten Lastkraftwagen lagen die Leichen dreier deutscher Soldaten, die ihrer Uniformen und Ausrüstungsgegenstände beraubt waren. Zwei Leichen wiesen Stiche und Verstümmelungen im Gesicht auf, bei einem war die Nase halb abgeschnitten, ein Ohr völlig vom Kopf getrennt, bei dem zweiten waren die Augen ausgestochen, dem dritten fehlte der Ring-finger, offenbar weil er einen Ring trug, der sich nicht lösen lassen wollte, außerdem waren ihm die Geschlechtsteile abgeschnitten."

Die Feststellungen des Volkert stimmen wiederum überein mit den Feststellun-gen, die der ehemalige Oberleutnant und Kompanieführer im Jäger-Regiment 721, Adolf Schmitzhübsch, getroffen hat. Schmitzhübsch berichtet in seiner Eidesstattlichen Erklärung vom 22. 9. 1947

„Im Gefolge unserer Division befand sich ständig eine große Zahl waffen-fähiger Zivilisten, die Zwangsrekrutierung befürchteten, die von den Partisanen immer durchgeführt wurde. Die Bevölkerung, die immer wieder um Hilfe bat, sprach von Bedrohungen und schärfsten Repressalien. Die Bauern wurden ge-hindert, ihre Lebensmittel in die Städte abzuliefern und die Felder konnten zum größten Teil nicht bestellt werden. Eisenbahner und sonstige Staatsange-stellte schwebten ständig in Gefahr, wegen Ausübung ihres Dienstes verfolgt zu werden. Einen Einblick in die unmenschliche Kampfesweise der Banden konnte ich während meiner vorübergehenden Funktion als Begräbnisoffizier des Regimentes gewinnen. Als solcher habe ich mindestens 30 Leichen deut-scher Soldaten gesehen, die augenscheinlich vor ihrer Ermordung auf das Greu-lichste verstummelt worden waren (abgeschnittene Ohren, ausgestochene Augen, Tötung durch langsames Verbrennen, lebendiges Begraben, Einrammen von angespitzten Pfahlen in Unterleib und After usw.). Beraubt wurde jeder gefan-gene und gefallene deutsche Soldat. Das Rote Kreuz wurde von den Banditen nicht geachtet, ich selbst habe Überfälle auf Sanitätskraftwagen, Verbandplätze und Verwundetentransportflugzeuge erlebt."

(Quelle: Maschke [Herausg.], Die deutschen Kriegsgefangenen in Jugoslawien 1941–1949, Bd. I 1 der Kriegsgefangenengeschichte, S. 72f.)

Todesmärsche der Jugoslawien-Gefangenen

(Augenzeugenbericht)

. . . Am 10. Mai stand die »Marschgruppe Arndt« etwa von 9 Uhr an »entrümpelt« in langer Reihe vor dem Lager Cilli. Sie trat den Marsch durch das Tal der Sawe flußabwärts an. Sie hatte eine besonders schießwütige Postengruppe am Schluß. Den ganzen Tag hasteten Ermattete nach vorn, weil ihnen die Schluß-Schüsse Angst und Entsetzen eingeflößt hatten. Mit der Marschgruppe zog die gleiche Straße eine große Train-Kolonne der Tito-Armee. Diese hatte sich ein besonderes Vergnügen ausgesonnen. Sie jagten in staubaufwirbelndem Galopp durch die ganze Marschgruppe bis wenige hundert Meter davor, dann verhielten sie, bis sich die Marschgruppe hindurchschlängelte, um danach erneut vorzujagen.

Stundenlang wurde marschiert. Gewiß, der Kommissar legte zuweilen eine Rast ein. Aber die immer mehr verängstigten und vertierenden Menschen zerstörten sich jede Möglichkeit des Ausruhens. Es war sicherlich ein Vorteil, wenn man an der Spitze des Zuges ging. Da wurden mit dem Kommissar Marschtempo und Pausen ausgemacht, da waren die Posten geduldiger, da waren die Quellen nicht so stark umlagert. Also wollten viele gerne vorne sein. Wurde jetzt von vorne eine Rast eingelegt, dann gehorchte etwa die erste Hälfte des Zuges. Die andere Hälfte aber drängte geschlossen an den Haltenden vorbei, um nach vorne zu kommen. Hinter den letzten aber schritten die Schlußposten. Sie blieben hinter ihrer seitherigen Schlußrotte, folglich trieben sie schreiend, prügelnd und schießend die Lagernden wieder hoch und jeder Rastversuch wurde so sabotiert. Vernünftige postierten sich zuweilen am Straßenrand, um ein allgemeines Halten zu erzwingen. Es war aussichtslos. Die letzten in ihrer Angst und Schwäche verdarben allen jedesmal die Rast.

Durch Train- und Lkw-Kolonnen wurde die Marschgruppe Arndt am Abend des 19. Mai stark auseinandergezogen. Es war in der Gegend des eindrucksvollen Ortes Steinbrück, der in der halben Zerstörtheit durch schwere, jüngst vorangegangene Fliegerangriffe wie eine Ruine des Schlachtfeldes aus der Götterdämmerung aussah. Am Straßenrand lungerten Halbwüchsige und Partisanen herum. Ein oder zwei Bewaffnete packten sich diesen oder jenen Deutschen und beraubten ihn. Uhren, Ringe, Brillen, Schuhe, Waffenröcke, Taschen und Tornister, alles war begehrt. Was die Straßenräuber enttäuschte, wurde vernichtet. So wurden Brillen zertreten, Kompaßgeräte zerschlagen, Medikamente und Verbandszeug zugrunde gerichtet. Die Marschgruppe hastete in wilder Verzweiflung vorwärts. Offensichtlich machten die Posten mit den Plünderern gemeinsame Sache, sie blieben während der ganzen Strecke durch den Ort unsichtbar. Es ging auch ohne sie weiter, weil jeder wieder aufs freie Feld wollte. Um die Menschen noch weiter einzuschüchtern, trieb eine Gruppe von Partisanen durch die ganze Enge unter fürchterlichen Kolbenhieben eine aneinandergefesselte Kette von etwa dreißig prawoslawischen Bauern, d. h. den langhaarigen königstreuen »Cetnici« des Generals Mihailović, hindurch. Die hageren Gesichter dieser Männer waren verzerrt zu Masken der verkörperten Todesangst. Es schoß überall, schlimmer als in manchem Gefecht. Von Angst überflügelt hetzten die Männer voran. Plötzlich im freien Feld waren auch wieder Posten da, ordneten die Gruppe und trieben sie mit lautem »Haijob!« schneller dahin. Unverkennbarer Kadavergeruch begleitete die Kolonne. Gefallene Menschen und tote Pferde verwesten am Straßenrand, der nun schon seit zwei Wochen dem ärgsten Elend der Kreatur zusah . . .

Noch in der Nacht zum 22. Mai wurde die Marschgruppe Arndt auf Weidekoppeln des nur wenige Kilometer entfernten Staatsgutes bei Dugo Selo vorgezogen. Da hockten sich die geschundenen Menschen ins dichte, taufeuchte Gras. Sehr viele litten unter argen Durchfällen oder hatten bereits die Ruhr. So besetzten die Gequälten auf den latrinenlosen Koppeln hart an die Lagernden heran den Rand. Sie hockten lange und immer wieder da, zuweilen von den Posten aufgescheucht. Die Koppeln hatten Viehtränken, die nun ständig umlagert waren. Hier lag die Marschgruppe bis zum Nachmittag des 22. Mai. Hier gab es am Mittag je Mann einen knappen Viertelliter gekochtes Wasser mit jeweils einer schmalen Scheibe von einer gekochten Kartoffel darin. Die Prozedur der Ausgabe dieser ersten Mahlzeit in jugoslawischer Regie seit der Kapitulation dauerte drei Stunden. Aber dafür erhielt fast jeder etwas. Man schrieb Pfingstdienstag, den 22. Mai. Die Deutschen hatten am 9. Mai kapituliert.

Gegen 16 Uhr entstand wieder Leben auf der Koppel. Eine neue Postenkette ließ antreten. Heißer Wind trieb in heftigen Stößen dichte Staubwolken vor sich her und den Abrückenden ins Gesicht. Das machte den Durst noch quälender. Da auf der Koppel alle Voraussetzungen zur Einrichtung eines Reviers gefehlt hatten, war von den Ärzten auch den Fieberkranken geraten worden, mitzumarschieren.

Die neuen Posten sorgten von Anfang an für eine bis dahin ungewohnte verschärfte Marschzucht. Zu acht in jeder Reihe, die Reihen dicht aufgeschlossen, so wurde mit groben Stockhieben ein militärischer Marschtritt erzwungen. Da die Straße aber nicht überall der acht Mann tiefen Rotte das Passieren erlaubte, so stockte öfters für den rückwärtigen Teil der breiten Reihen der Schritt. Die ersten mußten im alten Tempo voran, folglich waren alle anderen nach Überwindung der Stockung gezwungen, im Laufschritt aufzuholen. Wohlgemerkt, viele waren krank, alle waren matt, ausgehungert und durstig; viele liefen barfuß. Die Schwachen gingen am Schlußteil des Zuges und ihnen blühte nun immer von neuem der Wechsel zwischen Dauerlauf und Warten, und auf sie krachten die meisten Hiebe. Fast alle Posten hatten etwa mannshohe Stöcke zum Schlagen. In den Dörfern, durch die der Weg führte, machten sich die Partisanen ein Sondervergnügen: sie ließen die ganze Marschgruppe im Laufschritt durchhetzen. Es waren kroatische Dörfer, deren Einwohner anders als in Slowenien oder Serbien den Deutschen durchwegs wohlgesinnt waren. Sie standen eingeschüchtert an den Hofzäunen, die Frauen, die ihre zur Ustaša gepreßten Angehörigen dem gleichen Los überantwortet wußten, weinten oft angesichts dieses schaurigen Sühnespiels. Sie versuchten zuweilen Wasser auszuteilen, doch duldeten Kommissar und Posten es nicht...

(Quelle: Maschke [Herausg.], Die deutschen Kriegsgefangenen in Jugoslawien 1941–1949, Bd. I 1 der Kriegsgefangenengeschichte, S. 115 ff.)

Note des Internationalen Komitees vom Roten Kreuz (IKRK) zur Behandlung der Kriegsgefangenen in Frankreich

„Besonders die Frage der Minenräumung gab dem IKRK Anlaß, bei den französischen Behörden zu intervenieren. Die Beseitigung von Minen und anderem Explosivmaterial während der Dauer der Feindseligkeiten ist nach Artikel 31 verboten. Auch nach deren Beendigung bleibt die Minenräumung laut Artikel 32 verboten. Wie dem auch sei, nach der Kapitulation der deutsch-italienischen Truppen in Nordafrika im März 1943 beschloß man, die Gefangenen zur Minenräumung einzusetzen. Auf eine als berechtigt anerkannte Beschwerde des deutschen Vertrauensmannes des Lagers XVI in Tunis hin intervenierte der Delegierte des IKRK in Algier bei den zuständigen Behörden. Er berief sich nicht nur auf den Artikel 32 der Konvention, sondern auch auf Artikel 82, der den kriegführenden Staaten untersagt, sich mit Hilfe von Einzelabkommen den Verpflichtungen durch die genannte Konvention zu entziehen. Seine juristische Argumentation wurde nicht akzeptiert; er erreichte jedoch zumindest, daß in Zukunft nur Soldaten von Pioniereinheiten mit der Minenräumung beauftragt werden sollten.

Das Problem tauchte Anfang 1945 verschärft wieder in Frankreich auf. Die Presse nahm sich seiner an und schrieb, daß die Aufgabe der Minenbeseitigung denen zukäme, die sie gelegt hätten. Das IKRK vermied es, getreu seiner rein humanitären Aufgabe, zu polemisieren oder eine rein juristische These über die Anwendung der Verträge zu verfechten. Es wies die französische Verwaltung auf die Gefahren hin, die eine durch Nicht-Spezialisten ausgeführte Minenräumung mit sich brächte. Der Kriegsminister selbst schätzte im September 1945 die Zahl der zu beseitigenden Minen auf etwa 10 Millionen. Unter den deutschen Kriegsgefangenen, die mit diesen Arbeiten beschäftigt waren, gab es jeden Monat 2 000 bei tödlichen Unfällen ums Leben gekommene Opfer. Dies entspricht dem Verhältnis: ein Todesfall auf 5 000 Minen. Man konnte leicht daraus schließen, daß eine unter diesen Umständen durchgeführte Minenräumung das Leben von 20 000 Gefangenen kosten würde. Das IKRK bestand auf der Notwendigkeit von Vorsichtsmaßnahmen und zählte diese auf. Dann beauftragte es seine Delegierten, vor allem auf deren Durchführung zu achten. Bei Einhaltung der Maßnahmen verringerte sich die Unfallrate jedesmal, bis sie beinahe bei Null lag."

(Quelle: Maschke [Herausg.], Die deutschen Kriegsgefangenen in französischer Hand, Bd. XIII der Kriegsgefangenengeschichte, S. 173)

Bundeskanzler Adenauer zum Schicksal der Kriegsgefangenen in Jugoslawien

(Bundestagsdebatte vom 27.1.1950)

„Besonders erschütternd sind die neuesten Nachrichten über das Schicksal der Kriegsgefangenen, die in Jugoslawien unter dem Vorwand von Untersuchungen über Kriegsverbrechen zurückgehalten worden sind. Diese Gefangenen sind bis zum Dezember 1949 in einem besonderen Lager interniert gewesen. Wie aus einwandfreien Berichten hervorgeht, erfolgten Voruntersuchungen und Verhandlungen gegen diese Deutschen ohne Beachtung auch nur der elementarsten Rechtsgrundsätze. Es fanden Verhöre unter verschärften Bedingungen, verbunden mit Schlägen, Folterungen, Einzelhaft und Nahrungsentzug statt. Von Gewährung irgendeines Rechtsschutzes kann keine Rede sein. Nach den neuesten, der Bundesregierung vorliegenden Nachrichten wurde die große Mehrheit der Gefangenen im Dezember vorigen Jahres in des Staatsgefängnis Mitrowitz übergeführt. Es besteht aber Grund zu der Annahme, daß fast alle deutschen Gefangenen inzwischen im Schnellverfahren zu hohen Freiheitsstrafen verurteilt worden sind, wenn nicht in vielen Fällen sogar die Todesstrafe ausgesprochen worden ist. . . .

Als Sofortmaßnahme wurde die Alliierte Hohe Kommission gebeten, die Aufschiebung der Vollstreckung etwa ergangener Todesurteile und die Aushändigung einer Namensliste sämtlicher Verurteilter mit den erkannten Strafen und der Untersuchungsgefangenen mit Angabe der Anklagepunkte zu erwirken. Auf die besondere Eilbedürftigkeit der erbetenen Schritte ist die Alliierte Hohe Kommission ausdrücklich hingewiesen worden. Im übrigen ist der jugoslawischen Regierung auch auf anderem Wege das dringende Verlangen der Bundesregierung nach Freilassung dieser Kriegsgefangenen unterbreitet worden.

Sie werden verstehen, meine Damen und Herren, daß diese Vorgänge uns nicht zum Abschluß eines Handelsvertrages mit Jugoslawien ermutigen.

Lassen Sie mich weiter ein Wort an die gesamte Weltöffentlichkeit richten. Hier handelt es sich um solche Vergehen und Verbrechen gegen die Menschlichkeit, daß die gesamte Öffentlichkeit auf der ganzen Welt sich dagegen empören muß."

(Quelle: Maschke [Herausg.], Die deutschen Kriegsgefangenen in Jugoslawien 1949 bis 1953, Bd. I2 der Kriegsgefangenengeschichte, S. 13)

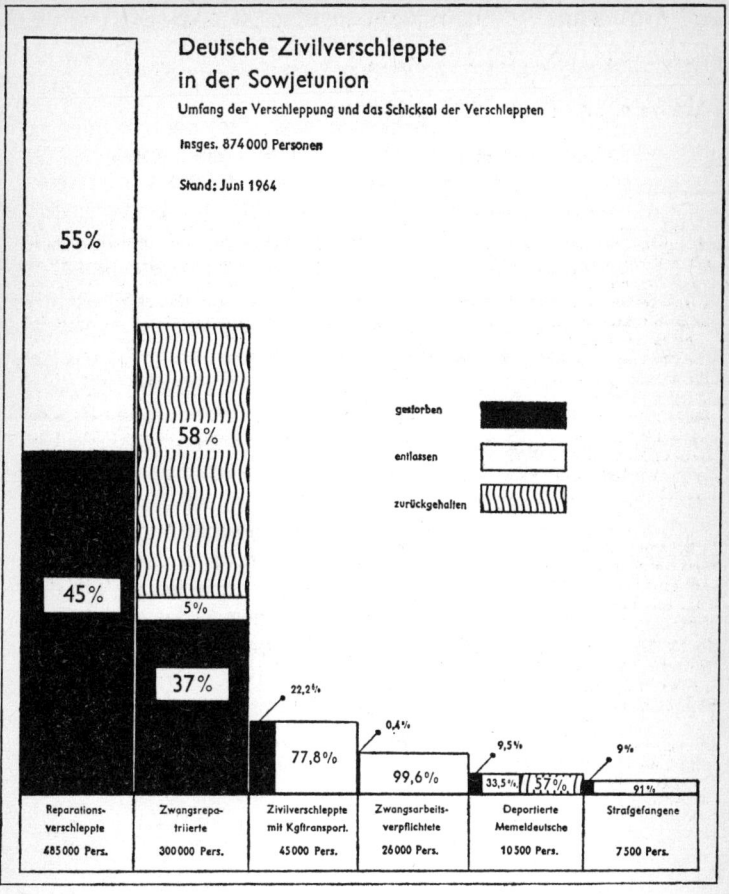

Deutsche Zivilverschleppte
in der Sowjetunion

Umfang der Verschleppung und das Schicksal der Verschleppten

Insges. 874 000 Personen

Stand: Juni 1964

gestorben

entlassen

zurückgehalten

Reparations-verschleppte	Zwangsrepa-triierte	Zivilverschleppte mit Kgftransport.	Zwangsarbeits-verpflichtete	Deportierte Memeldeutsche	Strafgefangene
485 000 Pers.	300 000 Pers.	45 000 Pers.	26 000 Pers.	10 500 Pers.	7 500 Pers.

(Quelle: Kurt W. Böhme, Gesucht wird . . . Die dramatische Geschichte des Suchdienstes, S. 275)

Ordensschwestern bei der Zwangsarbeit

Einer der wenigen Briefe von Verschleppten, der im Westen ankam, ist der folgende einer Vinzentinerin [*]:

»Meine lieben Eltern! Nun gibt sich doch eine Gelegenheit, Euch ein Lebenszeichen zu schicken. Aber ob mein Briefchen ankommt? Ob Ihr mich schon gestorben glaubtet? ... Es ist so furchtbar, was wir etwa 1500 Schwestern durchmachen. Wir werden wie Tiere behandelt, mit Schlägen zur Arbeit und von ihr zurückgetrieben. Wir gelten weniger als Tiere, denn auf uns wird gar keine Rücksicht genommen, ob wir zusammenbrechen und tot liegen bleiben oder ob uns eine Wache zu Tode prügelt, ist ganz gleichgültig. Wortlos, mit mutlosem Herzen, fast stumm, wanken wir zur Arbeit. Und wenn die Arbeit nicht rasch genug vorangeht oder die Wache schlecht gelaunt ist, dann saust die Peitsche auf uns. Erst hatten wir an einer großen Brücke über den Dnjepr gearbeitet, schwerste Männerarbeit. Eisenbalken tragen und schieben, hoch über dem breiten Fluß. Wer zusammensank, bekam die Peitsche, wer liegen blieb, den stieß der Wärter hinunter in den Fluß. Den ganzen Tag schwerste Arbeit bei ganz trauriger Ernährung, nur etwas schlechtes Brot und eine dünne Suppe. Viele erliegen den Anstrengungen, und wir beneiden sie um den Tod. Gegenwärtig arbeiten wir in einem Bergwerk, den ganzen Tag unter der Erde, in schlechter Luft. Viele starben ...«

(Quelle: Heinz Nawratil, Vertreibungsverbrechen, S. 41)

Sowjetische Gewalttaten in Mitteldeutschland

(Aus dem Bericht eines amerikanischen Armeegeistlichen, der im deutschen Gefangenenlager Neubrandenburg interniert gewesen war)

„ . . Die Ereignisse der dann folgenden Tage waren die fürchterlichsten, die mir je in meinem Leben begegnet sind.

Am 28. April, um Mitternacht, begannen die russischen Tanks in die Stadt zu rollen... Der deutsche Kommandant hatte sich erschossen, und die deutsche Garnison leistete keine Gegenwehr. Die russische Infanterie, die zu je fünfzehn oder zwanzig Mann auf den Tanks saß, machte den Eindruck von Wilden und schoß mit ihren Gewehren und Maschinenpistolen nach allen Seiten. Die meisten Infanteristen hatten asiatische Gesichter. Binnen einer Stunde war Neubrandenburg ein Meer von Flammen, das im Laufe der Nacht höher und höher hinaufschlug. Die Stadt brannte den ganzen folgenden Tag lang, und es blieb kaum ein Haus, das nicht bis auf den Grund ausbrannte. Die Hitze, welche die brennende Stadt ausströmte, war sengend, und das Lager war taghell erleuchtet.

Wir hielten uns im Lager zurück, während Franzosen, Italiener und Serben zum Plündern in die Stadt zogen. Die russischen Gefangenen waren merkwürdigerweise die einzigen unter uns, die nicht glücklich über ihre Befreiung schienen. ‚ · ·

— Ein alter französischer Pfarrer, der als Gefangener unter uns war, bat mich am Nachmittag, mit ihm in die Stadt zu gehen. Er wollte sehen, wie es den deutschen Geistlichen und den Deutschen, die nicht hatten fliehen können, erging... Obwohl wir aufs Schlimmste gefaßt waren, erschütterte uns das, was wir sahen, in einem Maße, das mit Worten nicht zu fassen ist. Wenige Meter von unserem Lager entfernt, im Wald, stießen wir schon auf einen Anblick, den ich bis an das Ende meiner Tage nicht vergessen werde. Mehrere deutsche Mädchen waren hier geschändet und dann getötet worden. Einige hatte man an den Füßen aufgehängt und ihre Leiber aufgeschlitzt. Kameraden hatten mir vorher schon ähnliches berichtet, aber ich hatte es nicht glauben wollen. Wir hielten an und sprachen einige Gebete.

Als wir dort ankamen, wo ein paar Tage vorher noch die schöne kleine Stadt Neubrandenburg gestanden hatte, war mir, als blickte ich auf das Ende der Welt und auf das Jüngste Gericht. - - -

Schließlich kamen wir zu einem deutschen Pfarrhaus und gingen hinein. Das Haus war zum Teil vom Feuer zerstört und an vielen Stellen zusammengefallen. Die beiden Schwestern des Pfarrers saßen auf den kahlen Treppenstufen. Der Pfarrer selbst und sein Vater hockten daneben, und ihre fahlen Gesichter verrieten die äußerste Erschütterung, die Menschen überfallen kann. Drei Frauen kauerten auf einem Sofa. Eine der Schwestern sprach mit dem französischen Priester und sagte ihm, daß eine Horde Russen die drei Frauen geschändet und den Pfarrer und seinen Vater gezwungen hätte, dabei zuzusehen. Der französische Priester fragte sie, ob er irgend etwas für sie tun könne. Aber sie schüttelten den Kopf voller Hoffnungslosigkeit. Und ich sah, daß sie nahe daran waren, den Verstand zu verlieren. "

(Quelle: Jürgen Thorwald, Die große Flucht, S. 359 ff.)

KZ Buchenwald nach 1945

(Aus der Ansprache des Präsidenten des Bundesgerichtshofes, Dr. h. c. Weinkauff, am 24. Oktober 1957, bei der Enthüllung einer Gedenktafel für die Mitglieder des Reichsgerichts und der Reichsanwaltschaft im Gebäude des Bundesgerichtshofs)

»*Nach dem Zusammenbruch des Jahres 1945 wurde Leipzig, der Sitz des Reichsgerichts und der Reichsanwaltschaft am Reichsgericht, zunächst von amerikanischen Truppen besetzt. Diese zogen nach etwa zwei Monaten wieder ab, und russische Truppen rückten ein. Einige Wochen danach wurden schlagartig an einem Tage etwa 35 Mitglieder des Reichsgerichts und der Reichsanwaltschaft von der russischen Geheimpolizei verhaftet und zunächst in die Gefängnisse, später in das Lager Mühlberg an der Elbe gebracht. Bei den Verhafteten wurde gewöhnlich auch das ganze in der Wohnung befindliche Geld weggenommen. Später folgten noch einige Verhaftungen, so daß schließlich 38 oder 39 Mitglieder des Reichsgerichtes und der Reichsanwaltschaft im Lager Mühlberg saßen. Das Schicksal des 39. Mitgliedes ist unklar geblieben.*

Die Auswahl, die man bei den Verhaftungen getroffen hatte, war für jeden Kenner der Verhältnisse völlig rätselhaft und unter keinem irgendwie denkbaren Gesichtspunkt zu begreifen. Unter den Verhafteten befanden sich beispielsweise die meisten der Nicht-Parteigenossen am Reichsgericht und verschiedene bekannte leidenschaftliche Gegner des nationalsozialistischen Regimes. Es scheint, wie sich später herausstellte, folgendermaßen zugegangen zu sein: Man hatte einen schon früher verhafteten Richter nach seinen Bekannten am Reichsgericht gefragt und danach einfach die Verhaftungsliste zusammengestellt. Es waltete also der blindeste Zufall.

Von den 38 Verhafteten starben 34 in der Gefangenschaft, und zwar ganz überwiegend schon im ersten oder im zweiten Jahre. Einige wenige kamen später in das Lager Buchenwald und wurden dann bis auf einen in den berüchtigten Waldheimer Prozessen unter nichtigen Vorwänden zu durchschnittlich 25 Jahren Zuchthaus verurteilt und später nach etwa einem Jahrzehnt im »Gnadenweg« entlassen. Wenn ich recht unterrichtet bin, starb einer der Entlassenen auf besonders tragische Weise noch auf der Rückfahrt in seine Heimat. Von den 38 Verhafteten haben also nur drei die mörderische Haft überlebt. Zwei von ihnen sind heute unter uns. Ebenso sind einige Frauen und Kinder der Verstorbenen hier.

Warum starben alle diese Männer so rasch und so unaufhaltsam? Erlassen Sie mir die oft empörenden Einzelheiten ihrer Behandlung. Kurz zusammengefaßt kann man sagen: Sie wurden unmenschlich behandelt, sie waren so unmenschlich untergebracht und ernährt und sie wurden zu so unmenschlichen Arbeitsleistungen gezwungen, daß jeder, der nicht ganz außergewöhnliche Kraftreserven, körperliche und seelische, besaß, diesem furchtbaren Regime rasch erliegen mußte. Sie sollten ihm erliegen, und sie sind ihm erlegen. Die größte Schuld trägt der kommunistische deutsche Lagerleiter, der von einem infernalischen Haß gegen das Reichsgericht beseelt war und der ständig öffentlich verkündete, alle Reichsgerichtsräte müßten verrecken.

Ein Wort noch über die Behandlung der Frauen und der Familien der Verhafteten. Niemals erhielten die Frauen die geringste Nachricht, wo man ihre Männer hingebracht habe und was mit ihnen geworden sei. Nur durch durchgeschmuggelte vereinzelte Kassiber aus dem Lager wurde ihnen allmählich etwas von dem Schicksal ihrer Männer bekannt. Auch von dem Tod ihrer Gatten erhielten die Frauen niemals Nachricht. Sehr viele Frauen hofften immer noch auf die Rückkehr ihrer Männer, die sie völlig schuldlos wußten, während diese schon längst schmachvoll irgendwo in dem Lager verscharrt waren. Ja, an einzelne der Frauen machte sich die deutsche geheime Staatspolizei heran und sagte ihnen, wenn sie sich entschlössen, ihre Bekannten zu bespitzeln und der Polizei Nachrichten zu liefern, dürften sie ihre Männer besuchen. Wahrhaftig: ›Dieser Frauen Schicksal war beklagenswert.‹ Warum rühren wir heute wieder an diese Dinge? Warum enthüllen wir heute hier im Bundesgerichtshof diese schlichte Gedenktafel, die das Andenken an die Opfer eines mörderischen Regimes wachhalten soll? Gewiß kann man sagen: Hier wurden die namenlosen Greuel des nationalsozialistischen Regimes mit ebenso namenlosen Gegengreuln beantwortet, die mit den nationalsozialistischen Greuel auch das gemeinsam hatten, daß sie ebenso blind, fühllos und rechtlos zuschlugen wie jene. Aber einmal muß ja dieser tödliche Zirkel von Greuln und Gegengreuln durchbrochen werden, und einmal muß der rettende Absprung gefunden werden. Einmal müssen die Wahrheit und das Recht wieder siegen, und sei es auch nur in den Herzen der Menschen. Es geziemt sich gerade für die Männer des Rechtes, im Bekenntnis zu diesem Glauben der unschuldigen Opfer und der Märtyrer des Unrechtes zu gedenken, die stellvertretend für uns gelitten haben, ihr Andenken zu ehren und sich vor ihrem Schicksal in Ehrfurcht zu neigen. Es geziemt sich besonders für den Bundesgerichtshof und die Bundesan-

waltschaft, das zu tun, weil der Bundesgerichtshof die Ehre hat, das Nachfolgegericht des Reichsgerichtes zu sein, und weil die Bundesanwaltschaft die Ehre hat, die Nachfolgerin der Reichsanwaltschaft am Reichsgericht zu sein. Und noch ein anderer Grund hat uns zu dieser Handlung bewogen: Das war der Wunsch der Frauen der Verstorbenen, die ja kein Grab haben, an das sie hindenken können, und die dieses Mahn- und Ehrenmal als die Stätte empfinden, an die sie im Gedächtnis der Toten hindenken können.

Dem Künstler, der diese schlichte und schöne Tafel geschaffen hat, sage ich unseren herzlichen Dank.

Indem ich jetzt die Tafel enthülle und diesen Kranz an ihr niederlege, bitte ich Sie, in einer Minute des Schweigens der Toten und Hinterbliebenen zu gedenken.«

(Quelle: Gerhard Finn, Die politischen Häftlinge der Sowjetzone, S. 16ff.)

Der Tod von Sachsenhausen

(Aus dem Bericht des ehemaligen Leiters des Beerdigungskommandos im sowjetischen KZ Sachsenhausen)

Die Verstorbenen wurden auch in Sachsenhausen der Bequemlichkeit halber zunächst in Bombentrichtern »beigesetzt«, und zwar an der Chaussee, die zum Bahnhof Sachsenhausen führt. Dort wurden später im Walde die Menschen verladen, die man in die UdSSR verschleppte. Man bepflanzte die Totenlöcher mit Kiefern...

Schmachtenhagen bei Sachsenhausen/Oranienburg war der neue Beerdigungsort. Dort hatte man eine Waldschneise geschlagen. Ein Trecker brachte Nacht für Nacht die beladenen Anhänger dorthin. Weit in der Umgebung hörte man den uralten Lanz-Trecker donnern, wenn er mit seiner unheimlichen Fracht durch die stille Nacht rasselte. Die Barackenposten an den Türen wickelten sich fester in den Mantel, der für diesen Dienst extra gestellt wurde, und lauschten dem Tod.

Immer dieselben Männer waren es, die in Schmachtenhagen tätig sein durften; denn es mußte geheimnisvoll bleiben, was dort geschah. Die Totengräber sollten bei ihrer Tätigkeit nicht auffallen, es sollten keine Totenzahlen bekannt werden, die Hunger-Henker scheuten die Verantwortung für das Ausmaß der Vernichtung...

Im Februar 1949 entstand in der Kommandantur erhebliche Aufregung, der Grund dafür sprach sich schnell herum, der Nachrichtendienst im Lager funktionierte stets prompt und schnell: Internierte hatten einige der Pappschilder gefunden, die man den Toten an die Beine band und die beim Transport zum Friedhof verlorengegangen waren. Es kam der Befehl, die Toten ohne diese Schilder zu beerdigen, um jede Möglichkeit der Zählung zu verschleiern. Nichts fürchtete man damals russischerseits mehr als ein Bekanntwerden der Totenzahl außerhalb des Lagers.

Aber die Zahlen waren bekannt. Es waren inzwischen in Sachsenhausen 19000 beerdigt worden, besser eingescharrt. Das Lager ist bis 1950 praktisch zweimal ausgestorben! Auf dem Friedhof war es verboten, irgendwelche Blumen zu pflanzen. Auch die Hügel der Toten, die nach Zuschütten ca. 50 cm hoch waren, durften nicht neu aufgeschüttet werden. Es sollte nach Möglichkeit alles schnell dem Erdboden gleichgemacht werden.

(Quelle: Karl Wilhelm Fricke: Politik und Justiz in der DDR, S. 87)

Amtliche Dokumentationswerke zum Thema

Statistisches Bundesamt (Herausg.): Die deutschen Vertreibungsverluste, Bevölkerungsbilanzen für die deutschen Vertreibungsgebiete 1939/50 (Wiesbaden, Stuttgart 1958.) Der Band ist z. Zt. vergriffen.

Bundesministerium für Vertriebene, Flüchtlinge und Kriegsgeschädigte (Herausg.), Theodor Schieder (Bearbeiter): Dokumentation der Vertreibung der Deutschen aus Ost-Mitteleuropa

Das Werk umfaßt die folgenden Einzelbände:

Band I/1	Die Vertreibung der deutschen Bevölkerung aus den Gebieten östlich der Oder-Neiße (o. J.)
Band I/2	Die Vertreibung der deutschen Bevölkerung aus den Gebieten östlich der Oder-Neiße (o. J.)
Band I/3	Die Vertreibung der deutschen Bevölkerung aus den Gebieten östlich der Oder-Neiße – Polnische Gesetze und Verordnungen 1944–1955 (o. J.)
Band II	Das Schicksal der Deutschen in Ungarn (1956)
Band III	Das Schicksal der Deutschen in Rumänien (1957)
Band IV/1	Die Vertreibung der deutschen Bevölkerung aus der Tschechoslowakei (1957)
Band IV/2	Die Vertreibung der deutschen Bevölkerung aus der Tschechoslowakei (1957)
Band V	Das Schicksal der Deutschen in Jugoslawien (1961)
Beiheft 1:	Ein Tagebuch aus Pommern 1945–46 – Aufzeichnungen von Käthe von Normann (1955)
Beiheft 2:	Ein Tagebuch aus Prag 1945–46 – Aufzeichnungen von Margarete Schell (1957)
Beiheft 3:	Ein Bericht aus Ost- und Westpreußen 1945–1947 – Aufzeichnungen von Hans Graf von Lehndorff (1960)

Die vergriffene Bonner Originalausgabe ist 1984 als Taschenbuch-Reprint bei dtv München neu erschienen.

Bundesarchiv: Zusammenfassender Bericht zur Dokumentation der Vertreibungsverbrechen (Koblenz 1974). Diese ca. 60 Seiten umfassende Dokumentation wurde von Wilfried Ahrens 1975 im Selbstverlag (in 8029 Sauerlach-Arget, Amselweg 8) veröffentlicht unter dem Titel »Verbrechen an Deutschen, Die Opfer im Osten«. Später (1983) hat Ahrens eine umfangreichere Vertreibungsdokumentation unter dem Titel »Verbrechen an Deutschen, Dokumente der Vertreibung« herausgebracht. Die Dokumentation des Bundesarchivs wird in überarbeiteter Form demnächst offiziell als Buch erscheinen. Z. Zt. der Drucklegung der vorliegenden Arbeit war ein genaues Datum aus Bonn allerdings nicht zu erfahren.

Kirchlicher Suchdienst: Gesamterhebung zur Klärung des Schicksals der deutschen Bevölkerung in den Vertreibungsgebieten (München 1965). Zur Einsicht in die unveröffentlichte »Gesamterhebung« des Kirchlichen Suchdienstes in München ist die Genehmigung des Bundesinnenministeriums nötig, die aber in der Regel ohne weiteres erteilt wird.

Erich Maschke, Leiter der wissenschaftlichen Kommission für deutsche Kriegsgefangenengeschichte: Zur Geschichte der deutschen Kriegsgefangenen des Zweiten Weltkriegs.

Das Werk umfaßt die folgenden Einzelbände:

I/1   Kurt W. Böhme: Die deutschen Kriegsgefangenen in Jugoslawien, 1941–1949. (Mit einer Einführung von Erich Maschke zur gesamten Schriftenreihe.) (1962)
I/2   Kurt W. Böhme: Die deutschen Kriegsgefangenen in Jugoslawien, 1949–1953. (1964)

II   Diether Cartellieri: Die deutschen Kriegsgefangenen in der Sowjetunion – Die Lagergesellschaft. Eine Untersuchung der zwischenmenschlichen Beziehungen in den Kriegsgefangenenlagern. (1967)

III   Hedwig Fleischhacker: Die deutschen Kriegsgefangenen in der Sowjetunion – Der Faktor Hunger. (Mit einer Einführung von Erich Maschke.) (1965)

IV   Werner Ratza: Die deutschen Kriegsgefangenen in der Sowjetunion – Der Faktor Arbeit. (Mit einer Einführung von Erich Maschke.) (1973)

V/1–3   Kurt Bährens: Deutsche in Straflagern und Gefängnissen der Sowjetunion. (3 Bde.) (1965)

VI   Wolfgang Schwarz: Die deutschen Kriegsgefangenen in der Sowjetunion – Aus dem kulturellen Leben. (Mit einer Einführung von Erich Maschke.) (1969)

VII   Kurt W. Böhme: Die deutschen Kriegsgefangenen in sowjetischer Hand – Eine Bilanz. (Mit einer Beilage von Johann Anton). (1966)

Die meisten der im Verlag Ernst und Werner Gieseking, Bielefeld, erschienenen Bände sind noch im Buchhandel erhältlich.

Anmerkungen

1. Vorbemerkung: Die europäischen Nachkriegsverluste

1 R. Ströbinger: Roter Kolonialismus (Zürich, Osnabrück 1981), S. 42
2 Borivoje M. Karapandzich: The Bloodiest Jugoslav Spring (New York 1980), Einführung S. 2
3 Hans Werner Neulen: An deutscher Seite (München 1985), S. 219 f.
4 Nicholas Bethell: Das letzte Geheimnis (Frankfurt, Berlin, Wien 1980), S. 129 f.
5 Bethell a.a.O., S. 133
6 Zu dem Gesamtkomplex vgl. außer Neulen, Karapandzich und Bethell a.a.O., vor allem Nikolaí Tolstoy: The Klagenfurt Conspiracy im Londoner »Encounter«, LX 1983, Nr. 5 (S. 24 ff.), ferner Hellmut Diwald: Geschichte der Deutschen (Frankfurt 1978), S. 123; A. Pitamitz: Lo sterminio dei Croati in der »Storia Illustrata« Nr. 319, 320 (Juni, Juli 1984)
6a Nach eigenen Angaben töteten die kroatischen Faschisten etwa 400 000 Serben zwischen 1941 und 1943, vgl. Johann Wuescht: Jugoslawien und das Dritte Reich (Stuttgart 1969), S. 320. Nach serbischen Angaben sollen sie sogar 750 000–1 000 000 Serben ermordet haben, vgl. Wuescht a.a.O., S. 200, sowie Ladislaus Hory, Martin Broszat: Der kroatische Ustascha-Staat (Stuttgart 1964), S. 100 ff. Die Zahlen der serbischen Kommunisten dürften aber ebenso überhöht sein wie die – zufällig gleich hohen – Angaben der kroatischen Faschisten über die Morde der Tito-Kommunisten in Jugoslawien, vgl. Anm. 10 unten.
7 Einzelheiten bei Neulen a.a.O. sowie Diwald a.a.O.
8 Vgl. Nikolaí Tolstoy, The Klagenfurt Conspiracy a.a.O., sowie die »Timewatch«-Sendung im 2. BBC-Fernsehprogramm am 3. 1. 1984 (Titel: »The Klagenfurt Affair«, auch in der »Times« vom 9. 1. 1984 besprochen), ferner Milovan Djilas im »Encounter« im Dezember 1979, L III, Nr. 6
9 Neulen a.a.O., S. 399
10 Ernst-Günther Schenk: Das menschliche Elend im 20. Jahrhundert (Herford 1965), S. 7; Werner Brockdorff: Kollaboration oder Widerstand (München, Wels 1968), S. 152, 161; Wuescht a.a.O., S. 200; Gunther Ipsen: Wachstum und Gliederung der Bevölkerung Jugoslawiens, in: Osteuropa-Handbuch, Jugoslawien (Köln, Graz 1954), S. 37 ff. Voraussichtlich im Sommer 1986 wird eine Untersuchung des Historikers N. Tolstoy (in englischer Sprache) zur Auslieferung der jugoslawischen Antikommunisten erscheinen.
11 Neulen a.a.O., S. 239
12 »American Mercury« vom April 1946, hier zitiert nach Paul Serant: Die

Politischen Säuberungen in Westeuropa (Oldenburg und Hamburg 1963), S. 155

13   Serant a.a.O., S. 147

14   Serant a.a.O., S. 163 bzw. 158

15   Serant a.a.O., S. 158

16   Pater Panici, ein Domprediger von Notre Dame, wurde z. B. auf Druck der französischen Regierung vom Vatikan abberufen, weil er in einer seiner Fastenpredigten 1945 gegen die laufenden Folterungen und Morde protestiert hatte, vgl. Serant a.a.O., S. 195

17   Neulen a.a.O., S. 398; nach Robert Aron: Histoire de Vichy 1940–1944 (Paris 1954) waren es maximal 40000 Ermordete

18   Zusammenstellung aller Schätzungen im Pariser Magazin »Le Crapouillot«, Mai/April-Ausgabe 1985 (Nr. 81), S. 19 f.; sie reichen von 9673 bis 105000; vgl. ferner Serant a.a.O., S. 154, 156, und Neulen a.a.O., S. 112

19   Serant a.a.O., S. 302 f.

20   Serant a.a.O., S. 303

21   Neulen a.a.O., S. 112

22   Serant a.a.O., S. 303

23   Die Schätzungen reichen von 12000 bis zu 350000 Getöteten. vgl. Neulen a.a.O., S. 197, und Serant a.a.O., S. 237; hohe Zahlenangaben z. B. bei R. Graziani: Ho difeso la patria (Milano 1949), S. 411

24   W. Brockdorff: Kollaboration oder Widerstand in den besetzten Ländern (München, Wels 1968), S. 51, spricht von mindestens 200000 Opfern

25   Serant a.a.O., S. 234

26   Neulen a.a.O., S. 398, bringt eine Zusammenstellung der Hinrichtungen in den verschiedenen Ländern

27   Neulen a.a.O., S. 246 und 398

28   Zitiert nach der »Welt« vom 20. 3. 1985

29   Zu dem Gesamtkomplex vgl. Alexander Solschenizyn: Der Archipel GULAG, Bd. 1, S. 80 ff. (Taschenbuchausgabe Reinbeck bei Hamburg 1978); Albin Eissner: Das Schicksal der polnischen Ostgebiete, in: »Außenpolitik«, 1961, S. 404 ff.; Helmut Fechner (Herausg.): Deutschland und Polen 1772–1945 (Würzburg 1964), S. 207; Andrezej Kaminski: Konzentrationslager 1896 bis heute (Stuttgart 1982), S. 200 ff., rechnet mit 1,8–2,5 Millionen Verschleppten, Nikolaï Tolstoy: Stalin's Secret War (London 1981), S. 102, mit 1–1,5 Millionen (polnischen) Verschleppten

29a Rudolf Ströbinger: Roter Kolonialismus (Zürich, Osnabrück 1981), S. 60

30   Tolstoy (Stalin . . .) a.a.O., S. 149 mit weiteren Literaturhinweisen

31   Tolstoy (Stalin . . .) a.a.O., S. 150; Kaminsky a.a.O., S. 191; Solschenizyn a.a.O., S. 80

32   Tolstoy a.a.O., S. 200; Solschenizyn a.a.O., S. 80

33   Tolstoy a.a.O., S. 194 ff.

34 Vgl. die »Welt« vom 6. 6. 1983 und Tolstoy a.a.O., S. 266; Robert
   Conquest: Stalins Völkermord (Wien 1970), S. 71, 207
35 Zum Komplex Lemberg vgl. z. B. Alfred M. de Zayas: Die Wehrmacht-
   Untersuchungsstelle (München 1979), S. 333 ff.
36 Tolstoy (Stalin . . .) a.a.O., S. 243–249
37 Tolstoy a.a.O., S. 248
38 Tolstoy a.a.O., S. 248 f.
39 Anton Antonow-Owssejenko: Stalin, Portrait einer Tyrannei (München,
   Zürich 1984), S. 262
40 Tolstoy a.a.O., S. 242
41 Solschenizyn a.a.O., S. 81
42 Tolstoy a.a.O., S. 282
43 Kaminski a.a.O., S. 202
44 David Irving: Der Nürnberger Prozeß (München 1979), S. 30
45 Tolstoy a.a.O., S. 266
46 Bundesministerium für Vertriebene, Flüchtlinge und Kriegsgeschädigte:
   Dokumentation der Vertreibung der Deutschen aus Ost-Mitteleuropa,
   bearbeitet von Theodor Schieder, Bd. II (Das Schicksal der Deutschen in
   Ungarn), Neuauflage in Taschenbuchform München 1984, S. 44 E;
   Tolstoy a.a.O., S. 267
47 Conquest a.a.O., S. 69–71
48 Conquest a.a.O., S. 173
49 Conquest a.a.O., S. 114, 174
50 Conquest a.a.O., S. 174; Tolstoy (Stalin . . .) a.a.O., S. 283
51 Tolstoy (Stalin . . .) a.a.O., S. 283 f.
52 Tolstoy ebenda
53 Nicholas Bethell: Das letzte Geheimnis (Frankfurt, Berlin, Wien 1980),
   S. 12; N. Tolstoy: Die Verratenen von Jalta (München, Wien 1977) S. 21,
   50 ff.; Solschenizyn a.a.O., S. 87; Werner Maser: Nürnberg (Düsseldorf
   1977), S. 558 ff.; am 6. 3. 1982 wurde am Londoner Thurloe Square ein
   Denkmal für die Ausgelieferten enthüllt
54 Solschenizyn a.a.O., S. 85
55 Tolstoy (Die Verratenen . . .) a.a.O., S. 540 f.
56 Werner Rings: Leben mit dem Feind (München 1979), S. 126; Kaminski
   a.a.O., S. 211, 215
57 N. Galai: Die Partisanen, veröffentlich in B. H. Liddell Hart (Herausg.):
   Die Rote Armee (Bonn 1957), S. 181 ff.
58 Solschenizyn a.a.O., S. 88; Tolstoy (Stalin . . .) a.a.O., S. 264 f.
59 Albin Eissner: Personelle Kriegsverluste des polnischen Volkes, in »Außenpolitik«, 1963, S. 48; Hans Roos: Die Geschichte der polnischen
   Nation 1918–1978 (Stuttgart 1979), S. 205 f.
60 Die Schätzungen reichen von 7,5 über 12 und 20 bis zu 30 Millionen, vgl.
   Tolstoy (Stalin) . . . a.a.O., S. 280; Hannah Arendt: Elemente und Ur-
   sprünge totaler Herrschaft (Frankfurt 1962), S. 479 f.

61 Tolstoy (Stalin...) a.a.O., S. 284; Dimitri Pagin: The Notebooks of Sologdin (London 1976), S. 90, z. B. schätzt, daß im ersten Kriegsjahr 7 Millionen in sowjetischen Lagern umkamen

62 Hans Graf Huyn: Sieg ohne Krieg (München 1984), S. 31 f.

63 Die »Welt« vom 4. 9. 1982

2. Vertreibung

1 Statistisches Bundesamt (Herausg.): Die deutschen Vertreibungsverluste (Wiesbaden, Stuttgart 1958), S. 32, 38, 46; Gerhard Ziemer: Deutscher Exodus (Stuttgart 1973), S. 63; Alfred M. de Zayas: Die Anglo-Amerikaner und die Vertreibung der Deutschen (München 1980), S. 23

2 Statistisches Bundesamt a.a.O., S. 9, 13 f., 31

3 Die sowjetische Volkszählung von 1939 weist 1,424 Millionen Deutschrussen aus, vgl. Alfred Bohmann: Menschen und Grenzen, Bd. 3: Strukturwandel der deutschen Bevölkerung im sowjetischen Staats- und Verwaltungsgebiet (Köln 1970), S. 85. Die Angabe »1,5–2 Millionen« stammt aus der Broschüre des Bundesvertriebenenministeriums: »1949–1969, 20 Jahre Bundesministerium für Vertriebene, Flüchtlinge und Kriegsgeschädigte« (Bonn o. J.). Vgl. im übrigen Statistisches Bundesamt a.a.O., S. 12 f.

4 Bundesministerium für Vertriebene (Herausg.): Die Vertreibung der Deutschen aus Ost-Mitteleuropa, bearbeitet von Theodor Schieder (Bonn 1953–1962, Neuauflage in Taschenbuchform München 1984), Band I 1, S. 5 E

5 Bohmann a.a.O., Bd. 4 (Köln 1975)

6 Statistisches Bundesamt a.a.O., S. 288

7 Gotthold Rhode: Völker auf dem Wege (Kiel 1952), S. 19: Ziemer a.a.O., S. 101. Diese Autoren sprechen zwar pauschal von Evakuierten, meinen aber offenbar die Zugezogenen insgesamt. Weitere Literatur: »Statistische Berichte« (herausgegeben vom Statistischen Bundesamt) vom 28. 2. 1953 und vom 4. 11. 1959.

8 Statistisches Bundesamt a.a.O., S. 10, 17

9 Statistisches Bundesamt a.a.O., S. 14, 32

10 Statistisches Bundesamt a.a.O., S. 342. Die Zivilverluste bei Erdkämpfen dürften im übrigen nur ein Bruchteil der Gesamtverluste ausmachen, vgl. ebenda S. 32, 42, ferner Bundesministerium für Vertriebene a.a.O., Bd. I 1, S. 159 E

11 Statistisches Bundesamt a.a.O., S. 14

12 Statistisches Bundesamt a.a.O., S. 9 ff.

13 Höchste Verluste, da Flucht verspätet

14 Statistisches Bundesamt a.a.O., S. 38, 45 f., 26 (in Kurzform zitiert bei Ziemer a.a.O., S. 95 f.)

15 Statistisches Bundesamt a.a.O., S. 10 (ähnlich Ziemer a.a.O., S. 95)

16 »Statistische Berichte« vom 4. 11. 1959, S. 20

17 Vgl. das hektographierte Begleitschreiben des Bundesvertriebenenministeriums vom 22. November 1968 zur »Gesamterhebung«, adressiert an den Bevölkerungsstatistiker Alfred Bohmann (Mitverfasser und Koordinator des Werks »Die deutschen Vertreibungsverluste«). Die Erkenntnisse des Kirchlichen Suchdienstes sind besonders wertvoll, weil dieser 18 637 957 Personen aus den Vertreibungsgebieten namentlich erfassen konnte (Stand vom 31. 12. 1980; vgl. Arbeitsbericht 1980 des Suchdienstes sowie dessen Broschüre »Kirchlicher Suchdienst, Aufgaben und Möglichkeiten«, München 1980). Dr. Bohmann hat die genannten Zahlen des Suchdienstes 1982 in zwei Gesprächen mit dem Verfasser ausdrücklich bestätigt

18 Zur Zahl der Verschleppten vgl. Bohmann a.a.O., Bd. 3, S. 71; zur Zahl der Zwangsrepatriierten vgl. Kurt W. Böhme: Gesucht wird . . ., Die dramatische Geschichte des Suchdienstes (München 1965), S. 275

19 Kirchlicher Suchdienst: Gesamterhebung zur Klärung des Schicksals der deutschen Bevölkerung in den Vertreibungsgebieten (München 1965), S. 616

20 Robert Conquest: Stalins Völkermord (Wien 1970), S. 172

21 Böhme a.a.O., S. 275

22 Hans Ulrich Engel: 40 Jahre nach Flucht und Vertreibung (Düsseldorf 1985), S. 41

23 Bundesministerium für Vertriebene a.a.O., Bd. I 1, S. 160 E

24 Bundesministerium für Vertriebene a.a.O., Bd. I 1, S. 31 E

25 Ziemer a.a.O., S. 96

26 Ploetz: Raum und Bevölkerung in der Weltgeschichte, Bd. 2 (Würzburg 1955), S. 312; dtv-Atlas zur Weltgeschichte, Bd. 2 (München 1979), S. 221; Rhode a.a.O., S. 19; Carroll Reece: Das Recht auf Deutschlands Osten, Nachdruck einer Rede vor dem Repräsentantenhaus (Göttingen 1957)

27 Wilfried Ahrens (Herausg.): Verbrechen an Deutschen – die Opfer im Osten; Selbstverlag des Herausgebers in 8029 Sauerlach-Arget (1981), S. 39 f. Die Schrift enthält die Dokumentation des Bundesarchivs aus dem Jahr 1974, internationale Pressestimmen dazu sowie einen Auszug aus einer einschlägigen Bundestagsdebatte. Für die nächste Zeit ist mit einer überarbeiteten und erweiterten Fassung der Dokumentation zu rechnen. Z. Zt. der Drucklegung der vorliegenden Arbeit war die Neufassung noch nicht fertiggestellt

28 Heinz Nawratil: Vertreibungsverbrechen an Deutschen (München 1982), S. 85–189

29 Walter Laqueur: Was niemand wissen sollte (Frankfurt, Berlin, Wien 1981), S. 107, 251 ff.; Rudolf Vogel: Ein Stempel hat gefehlt, Dokumente zur Emigration deutscher Juden (München, Zürich 1977)

30 Nach den »groben Schätzungen« des Bundesarchivs im Rahmen der

Dokumentation der Vertreibungsverbrechen sind in den untersuchten (Teil-)Gebieten von den dort festgestellten 1,8 Millionen Vertreibungstoten »mehr als 600 000 Menschen« unmittelbar durch »Gewalttaten und Unmenschlichkeiten« zu Tode gekommen, vgl. Ahrens a.a.O., S. 77. Die Zahl 600 000 enthält allerdings nicht die Verbrechensopfer unter den Rußland-, Rumänien- und Ungarndeutschen sowie unter den zugezogenen West- und Mitteldeutschen

31 Nawratil a.a.O., S. 114 ff., mit weiteren Literaturhinweisen

32 Bundesministerium für Vertriebene a.a.O., Bd. IV 1, S. 50 f. (Fußnoten)

33 Wenzel Jaksch: Europas Weg nach Potsdam (Stuttgart 1958), S. 413 f.

34 In Wirklichkeit hat Benesch die NS-Methoden in seinem Land bei weitem übertroffen; 6 Jahre Hitler-Terror im Krieg verursachten unter den Tschechen einen Bevölkerungsverlust von 0,7 Prozent, ein Jahr Vertreibung bedeutete für die Sudetendeutschen einen Bevölkerungsverlust von 8 Prozent im Frieden, vgl. Fritz Peter Habel: Dokumente zur Sudetenfrage (München 1984), S. 477

35 Bundesministerium für Vertriebene a.a.O., Bd. IV 1, S. 117 (Fußnote)

36 Gerald Reitlinger: Die Endlösung (Berlin 1960), S. 571 ff., nimmt an, daß z. B. von den rumänischen Juden rund 50 Prozent auf diese Weise starben; in Deutschland, Österreich, Böhmen und Mähren waren es sogar 80 Prozent der jüdischen Verfolgten

37 Alfred M. de Zayas: Zeugnisse der Vertreibung (Krefeld 1983), S. 43

38 Der Prozeß gegen die Hauptkriegsverbrecher vor dem Internationalen Militärgerichtshof (Nürnberg 1947, Nachdruck München und Zürich 1984), Bd. 1, S. 12

39 Der Prozeß... a.a.O., Bd. 3, S. 663 f.; Joe Heydecker/Johannes Leeb: Bilanz der tausend Jahre (München 1975), S. 522

40 Trials of War Criminals before the Nuremberg Military Tribunals (Washington D.C. 1950), Vol. V, S. 1–104

41 Ahrens a.a.O., S. 77 f.

3. Kriegsgefangenschaft

1 Kurt W. Böhme: Gesucht wird... Die dramatische Geschichte des Suchdienstes (München 1965), S. 12 f.

2 Die deutschen Kriegsgefangenen des Zweiten Weltkriegs, Eine Zusammenfassung, Bd. XV der Reihe: Zur Geschichte der deutschen Kriegsgefangenen des Zweiten Weltkriegs, herausgegeben von Erich Maschke, Leiter der Wissenschaftlichen Kommission für deutsche Kriegsgefangenengeschichte (München, Bielefeld 1974), S. 235

3 Maschke a.a.O., Bd. XV, S. 207

4 Alfred M. de Zayas: Die Wehrmacht-Untersuchungsstelle, Deutsche Ermittlungen über alliierte Völkerrechtsverletzungen im Zweiten Welt-

krieg (München 1979), S. 273

5   Maschke a.a.O., Bd. XV, S. 239
6   David Irving: Der Nürnberger Prozeß (München 1979), S. 55. Nach
    sowjetischen Angaben waren es nur 135 000, vgl. Maschke a.a.O.,
    Bd. VII (Die deutschen Kriegsgefangenen in sowjetischer Hand, Eine
    Bilanz; München, Bielefeld 1966), S. 44
7   Maschke a.a.O., Bd. VII, S. 44
8   Maschke a.a.O., Bd. XV, S. 239
9   Maschke a.a.O., Bd. XV, S. 280
10 Maschke a.a.O., Bd. XV, S. 220f.
11 Maschke a.a.O., Bd. XV, S. 408f.
12 Maschke a.a.O., Bd. I 1 (Die deutschen Kriegsgefangenen in Jugosla-
    wien 1941–1949; München, Bielefeld 1976), S. 42, 254. Ihre Schätzung
    bezeichnet die Wissenschaftliche Kommission für deutsche Kriegsgefan-
    genengeschichte ausdrücklich als »vorsichtig«. Auch die Ausgangszahl
    von 194 000 Gefangennahmen ist eine Mindestschätzung. Nach Werner
    Brockdorff: Kollaboration oder Widerstand (München, Wels 1968),
    sind allein in Serbien 100 000 deutsche Gefangene getötet worden. Die
    Diskrepanzen ergeben sich vor allem daraus, daß die kommunistischen
    Partisanen die meisten, die sich im Kampf ergaben, nicht als Gefangene
    behandelten, sondern oft grausam ermordeten, vgl. Maschke a.a.O.,
    Bd. I 1, S. 64 ff.
13 Maschke a.a.O., Bd. I 1, S. 88f., 108f.
14 Maschke a.a.O., Bd. I 1, S. 114ff., 134
15 Maschke a.a.O., Bd. I 1, S. 16
16 Lothar Rendulic: Gekämpft, Gesiegt, Geschlagen (Heidelberg 1952),
    S. 210
17 Maschke a.a.O., Bd. I 2 (Die deutschen Kriegsgefangenen in Jugoslawien
    1949–1953, München, Bielefeld 1976), S. 38ff., 214ff.
18 Maschke a.a.O., Bd. I 2, S. 341
19 Die »Welt« vom 24. 6. 1985
20 Maschke a.a.O., Bd. X 2 (Die deutschen Kriegsgefangenen in amerikani-
    scher Hand/Europa; München, Bielefeld, 1973), S. 142ff., 176ff.
21 Maschke a.a.O., Bd. X 2, S. 203f.
22 Maschke a.a.O., Bd. XV, S. 226
23 Vgl. oben im 1. Kapitel (Die europäischen Nachkriegsverluste). De
    Gaulle erwähnt in seinen Memoiren statt 100 000 nur 10 842 Opfer der
    Befreiung; diese Zahl korrespondiert etwa mit der offiziellen Zahl vom
    9. 6. 1973, vgl. »Le Crapoulliot« (Paris), April–Mai 1985, S. 21f
24 Vgl. z. B. Maschke a.a.O., Bd. XIII (Die deutschen Gefangenen in
    französischer Hand; München, Bielefeld 1971), S. XIII
25 Ernst-Günther Schenk: Das menschliche Elend im 20. Jahrhundert (Her-
    ford 1965), S. 94; Maschke a.a.O., Bd. XIII, S. 90f.
26 Maschke a.a.O., Bd. XIII, S. 18f., 40, 42, 48, 92, 115, 122, 143, 173.

Außerdem wurden Gefangene durch Druck zum Eintritt in die Fremden-
legion bestimmt, vgl. a.a.O., S. 42.

27 Grafischer Überblick bei Paul Carell/Günter Böddeker: Die Gefangenen
(Frankfurt, Berlin, Wien 1980) nach S. 288; Maschke a.a.O., Bd. VII,
S. 18 ff. In der genannten Zahl sind auch die 16 800 Mann enthalten, die
die Sowjets vor der Kapitulation der eingeschlossenen Stalingrad-Armee
gefangengenommen haben

28 Maschke a.a.O., Bd. VII, S. 110

29 Zayas a.a.O., S. 19

30 Maschke a.a.O., Bd. VII, S. 51

31 Maschke a.a.O., Bd. VII, enthält einen umfangreichen Kartenanhang,
u. a. zur geografischen Verteilung der Lager

32 Maschke a.a.O., Bd. VII, S. 52 f., 237 ff.

33 Maschke a.a.O., Bd. VII, S. 110

34 Maschke a.a.O., Bd. XV, S. 319

35 Maschke a.a.O., Bd. XV, S. 345

36 Maschke a.a.O., Bd. IV (München, Bielefeld 1973), S. 206 ff.

37 Maschke a.a.O., Bd. VII, S. 125

38 Maschke a.a.O., Bd. VII, S. 125; Bd. XV, S. 224 ff. usw.

39 Maschke a.a.O., Bd. VII, S. 49 f.

40 ebenda

41 Ch. Rousseau: Droit international public (Paris 1953), S. 563, rechnet mit
1,321 Millionen »abhandengekommenen« deutschen Gefangenen in sowjetischer Hand

42 Zayas a.a.O., S. 277; Maschke a.a.O., Bd. VII, S. 49

43 Maschke a.a.O., Bd. XV, S. 237

44 Hellmut Diwald: Geschichte der Deutschen (Frankfurt, Berlin, Wien
1978), S. 125. Mit neuerem Zahlenmaterial, das Prof. Hillgruber im
Farbigen Ploetz (Freiburg, Würzburg 1982), S. 484 f., wiedergibt, ließen
sich sogar Verlustzahlen bis zu 2,5 Millionen, bezogen auf sämtliche
Gewahrsamsländer, vereinbaren

45 Maschke a.a.O., Bd. IX (Die deutschen Kriegsgefangenen in Polen und
der Tschechoslowakei, München, Bielefeld 1974), S. 15 ff.

46 Maschke a.a.O., Bd. IX, S. 238, 194

47 Maschke a.a.O., Bd. IX, S. 305

48 Maschke a.a.O., Bd. IX, S. 316

49 Maschke a.a.O., Bd. IX, S. 290

50 Maschke a.a.O., Bd. IX, S. 73 ff.

51 Maschke a.a.O., Bd. IX, S. 136, 164

52 Maschke a.a.O., Bd. IX, S. 164 f.

53 ebenda

4. Verschleppung zur Zwangsarbeit

1 Bundesministerium für Vertriebene (Herausg.): Dokumentation der Vertreibung der Deutschen aus Ost-Mitteleuropa (Bonn 1954), Bd. I 1, S. 79 E ff.
2 Bundesministerium für Vertriebene a.a.O., Bd. I 1, S. 83 E
3 Kurt W. Böhme: Gesucht wird . . . (München 1965), S. 261 ff., 275
4 Böhme a.a.O., S. 163, 275; Wilfried Ahrens: Verbrechen an Deutschen/ Die Opfer im Osten (Sauerlach-Arget 1981), S. 47. Der Band enthält u. a. die 1974 fertiggestellte Dokumentation des Bundesarchivs über die Vertreibungsverbrechen. Zu den Ungarndeutschen vgl. Bundesministerium für Vertriebene a.a.O., Bd. II, S. 41 E ff.; zu den Rumäniendeutschen a.a.O., Bd. III, S. 75 E ff.; zu den Jugoslawiendeutschen a.a.O., Bd. V, S. 93 E ff.
5 Bundesministerium für Vertriebene a.a.O., Bd. III, S. 110 E ff.; Alfred Bohmann: Menschen und Grenzen, Bd. 2 (Köln 1969), S. 193

5. Einmarsch der Roten Armee in Mitteldeutschland und Österreich

1 Der französische General Juin hatte seinen Truppen im Mai 1944 im Gebiet südlich von Cassino und Frosinone für 50 Stunden freie Hand für Vergewaltigung und Plünderung gegeben, was zu einer blutigen Orgie der Gewalt führte; vgl. das Magazin »Stern« Nr. 52/1965. Dem Schicksal der 60 000 Opfer von Vergewaltigungen war 1960 der italienische Film »La Ciociaria« mit Sophia Loren gewidmet
2 Jochen Thies, Kurt von Daak: Südwestdeutschland Stunde Null (Düsseldorf 1979), S. 26
3 Graf Schwerin von Krosigk: Die großen Schauprozesse (München 1981), S. 341
4 Friedl Volgger: Mit Südtirol am Scheideweg, Erlebte Geschichte (Innsbruck 1984), S. 130. Dr. Volgger war damals im KZ Dachau interniert.
5 Vgl. z. B. bei Jürgen Thorwald: Die große Flucht (München, Zürich 1979), S. 286, oder Lo Warnecke: Auf der Flucht (Fluchtbericht einer mecklenburgischen Gutsbesitzerin)
6 Diese Zahl aus der Fernsehsendung »Reisebilder aus der DDR« (ZDF am 22. 8. 1984) könnte zwar zu hoch gegriffen sein, doch sind Massenselbstmorde aus vielen Gegenden überliefert
7 Bundesministerium für Vertriebene: Dokumentation der Vertreibung der Deutschen aus Ost-Mitteleuropa (Bonn 1954), Bd. I 1, S. 69 E
8 Warnecke a.a.O., S. 192
9 Heinz Magenheimer: Die Abwehrschlacht an der Weichsel (Freiburg/B. 1976), S. 106

10 B. H. Lidell Hart (Herausg.): Die Rote Armee (Bonn 1957), S. 201

11 Margaret Boveri: Tage des Überlebens (München, Zürich 1977), S. 105
    bis 111; Thorwald a.a.O., S. 287, 349, 358 ff.; Warnecke a.a.O., S. 210;
    Jacques de Launay: La Grande Debacle (Paris 1985), S. 191, registriert
    Hunderttausende von Vergewaltigungsfällen allein in Berlin

12 Bundesministerium für gesamtdeutsche Fragen (Herausg.): SBZ von A
    bis Z (Bonn 1963), unter Stichwort »Bevölkerung« (Spätere Auflagen
    erschienen unter dem Titel »A–Z«)

13 Bundesministerium für Vertriebene a.a.O., Bd. I 1, S. 65 E

14 Wilfried Ahrens (Herausg.): Verbrechen an Deutschen – die Opfer im
    Osten (= Dokumentation des Bundesarchivs über die Vertreibungsver-
    brechen), Sauerlach-Arget 1981, S. 55 (Fußnote)

15 Statistisches Bundesamt (Herausg.): Die deutschen Vertreibungsverluste
    (Wiesbaden, Stuttgart 1958), S. 152, 162. Die genannten Zahlen ergeben
    sich nach Ausgliederung der Geflohenen (einschließlich der Fluchtopfer)
    und der zivilen Kriegsopfer

16 Ahrens a.a.O., S. 54

17 Ahrens a.a.O., S. 55

18 Der österreichische Bundeskanzler Kreisky im »Stern« vom 28. 10. 1980:
    »Meine Herren, die Russen denken anders. Für sie ist Deutschland heute
    nicht zweigeteilt, sondern viergeteilt: Bundesrepublik, DDR, östlich
    Oder/Neiße und Österreich.«

19 Peter Gosztony: Endkampf an der Donau 1944/45 (Wien, München,
    Zürich 1969), S. 250; Manfried Rauchensteiner: Der Krieg in Österreich
    1945 (Wien 1985), S. 143

20 Alexander Werth: Rußland im Krieg 1941–1945 (München, Zürich 1965),
    S. 643

21 Rauchensteiner a.a.O., S. 142

22 Rauchensteiner a.a.O., S. 210; vgl. auch S. 203. Außer im Weinviertel
    dürfte es auch im Burgenland eine Massierung von Schwerverbrechen
    gegeben haben, wovon sich der Verfasser in zwei Interviews überzeugen
    konnte. Mord und Totschlag standen meist mit Vergewaltigungen und/
    oder Alkohol in Verbindung

23 Rauchensteiner a.a.O., S. 168

24 1937 starben in Österreich 90035 Menschen; 1945 waren es 173767, vgl.
    Rauchensteiner a.a.O., S. 393

25 Diese betragen nach einer Quelle rund 4000, was wohl zu niedrig ist, vgl.
    Rauchensteiner a.a.O., S. 393, nach anderen Quellen 24300 (Mitteilun-
    gen der »Deutschen Dienststelle für die Benachrichtigung der nächsten
    Angehörigen von Gefallenen der ehem. deutschen Wehrmacht/WAST«
    und des »Verbands der Heimkehrer, Kriegsgefangenen und Vermißten-
    angehörigen Deutschlands e. V.« an den Verfasser)

6. Konzentrationslager in der sowjetischen Besatzungszone

1   Die »Welt« vom 25. 3. 1985
2   Es handelt sich hierbei um eine gekürzte Fassung der »Chronik« in dem Buch von Gerhard Finn: Die politischen Häftlinge in der Sowjetzone 1945–1959 (Pfaffenhofen 1960), S. 207 ff.
3   Gerhard Finn a.a.O., S. 15
4   Die sowjetische Geheime Staatspolizei hat öfters den Namen gewechselt. Ursprünglich hieß sie Tscheka (Abkürzung von Tschreswtschainja Kommissija = Außerordentliche Kommission), dann GPU (Staatliche politische Überwachung), dann NKWD (Volkskommissariat für innere Angelegenheiten), dann MWD (Innenministerium) und schließlich KGB (Komitee für Sicherheit)
5   Karl Wilhelm Fricke: Politik und Justiz in der DDR (Köln 1979), S. 69 f.
6   Heinz Brandt: Ein Traum, der nicht entführbar ist (München 1967), S. 170 f.
7   Fricke a.a.O., S. 70
8   Das Neue Fischer-Lexikon in Farbe (Frankfurt 1979)
9   Fricke a.a.O., S. 72
10 »Stern« vom 13. 9. 1979; Finn a.a.O., S. 16 ff.
11 Fricke a.a.O., S. 72
12 Fernsehsendung »Buchenwald: nach 1945 rotes KZ« (ZDF-Magazin vom 1. Mai 1985)
13 Hermann Just: Die sowjetischen Konzentrationslager auf deutschem Boden 1945–1950 (ohne Ortsangabe, 1952), S. 129
14 Just a.a.O., S. 135 f.; Finn a.a.O., S. 53 ff.; Fricke a.a.O., S. 94 f. und S. 133 f.
15 Fricke a.a.O., S. 133; Finn a.a.O., S. 11, 16, 20
16 Fricke a.a.O., S. 74 ff.; Just a.a.O., S. 20 ff.; Die »Welt« vom 5. 8. 1985
17 Vgl. das Lexikon »SBZ von A bis Z«, herausgegeben vom Bundesministerium für gesamtdeutsche Fragen (Bonn 1963), unter »Konzentrationslager«; Fricke schätzt die Gesamtzahl der Opfer unter KZlern und Gefängnisinsassen auf 85 000 bis 95 000, vgl. a.a.O., S. 564; Just beziffert die Opfer des gleichen Personenkreises auf 96 000, vgl. a.a.O., S. 135; Finn spricht von 65 000 verstorbenen Lagerinsassen, vgl. a.a.O., S. 68
18 Just a.a.O., S. 139; diese Angaben stimmen im wesentlichen mit den Ermittlungen des Suchdienstes überein, vgl. Kurt W. Böhme: Gesucht wird..., Die dramatische Geschichte des Suchdienstes (München 1965), S. 272
19 Paul Serant: Die politischen Säuberungen in Westeuropa (Oldenburg, Hamburg 1963), S. 58

20 Caspar von Schrenck-Notzing: Charakterwäsche, Die Politik der amerikanischen Umerziehung in Deutschland (München 1981), S. 97ff.; F. W. Rothenspieler: Der Gedanke einer Kollektivschuld in juristischer Sicht (Berlin 1982), S. 103

21 Zitiert nach Serant a.a.O., S. 53

22 Serant a.a.O., S. 54

23 Lutz Graf Schwerin von Krosigk: Die großen Schauprozesse (München 1981), S. 340 f; wegen Mißhandlungen im Zusammenhang mit den Nürnberger Prozessen vgl. Werner Maser (Nürnberg, Düsseldorf 1977) und David Irving: Der Nürnberger Prozeß (München 1979)

24 Hinweis von Evakuierten, die das Kriegsende im Elsaß erlebt hatten

25 Die US-Regierung plant, sich bei den Internierten zu entschuldigen und ihnen eine finanzielle Entschädigung zu gewähren (Bericht von Henry Marx in der »Welt« vom 28. 5. 1982)